U1019718

情商高的人都这么说话

[日]神冈真司　著

于航　译

中国友谊出版公司

图书在版编目（CIP）数据

情商高的人都这么说话 /（日）神冈真司著 ；于航译. -- 北京 ：中国友谊出版公司，2021.5（2022.3重印）
ISBN 978-7-5057-5184-2

Ⅰ. ①情… Ⅱ. ①神… ②于… Ⅲ. ①语言艺术一通俗读物 Ⅳ. ①H019-49

中国版本图书馆CIP数据核字（2021）第043717号

著作权合同登记号 图字：01-2021-1970
SHIGOTO HITOZUKIAIDE SAGATSUKU SHITTEOKITAI SHINRI TECKNIQUE 156
Copyright © SHINJI KAMIOKA 2020 © TATSUMI PUBLISHING CO., LTD. 2020
All rights reserved.
First original Japanese edition published by TATSUMI PUBLISHING CO., LTD., Japan.
Chinese (in simplified character only) translation rights arranged with TATSUMI PUBLISHING CO., LTD., Japan.
through CREEK & RIVER Co., Ltd. and CREEK & RIVER SHANGHAI Co., Ltd.
插画：石川美纪

书名 情商高的人都这么说话
作者 [日] 神冈真司
译者 于 航
出版 中国友谊出版公司
策划 杭州蓝狮子文化创意股份有限公司
发行 杭州飞阅图书有限公司
经销 新华书店
制版 杭州真凯文化艺术有限公司
印刷 杭州钱江彩色印务有限公司
规格 850×1168毫米 32开
8.75印张 133千字
版次 2021年5月第1版
印次 2022年3月第2次印刷
书号 ISBN 978-7-5057-5184-2
定价 52.00元
地址 北京市朝阳区西坝河南里17号楼
邮编 100028
电话 （010）64678009

前　言

不管你是刚从学校毕业、刚刚踏入社会，还是刚换了工作单位，接下来迎接你的都将是一个崭新的人生。同时，这也将会是一个构筑新的人际关系网的绝好机会。作为一个新的起点，在这个完全不同于以往的环境当中，你的人生将会闪现出耀眼的光芒。

在你踏上崭新的人生旅途之前，本书将会在知识与技术层面上为你提供一些建议与帮助。

作者从浩繁的心理学理论当中，汇总出商务场合和人际关系方面必备的“心理学小窍门”，并将其分为6个部分：

1. 让你给人留下良好的印象，并且引导你营造良好的人际关系氛围。
2. 解读对方的心理，并学会借助一些小技巧“诱导”对方吐露心声。
3. 让工作手到擒来的商务交涉手段。
4. 自我防御和牵制谈判对手的心理战术，并学会控制自己的感情，从而遇到任何对手都能够让自己立于不败之地。
5. 自如处理与异性之间的人际关系，从而营造出理想的两性关系。
6. 解读人的心理，掌握不得不知的“28条精选心理学法则”。

看似简单的心理技巧却能够帮助你在生活、工作、家庭等多种场景中解决或大或小的问题。那么，先随手翻看一下，再从自己感兴趣的条目读起吧！无论你从本书的什么地方读起，我相信你都会有不小的收获。

神冈真司

写给这样的你

想知道对方的真实想法。

谈判变厉害！

看穿谎言！

问出对方的秘密。

提升销售能力！

受异性欢迎！

对方能答应我的要求。

没有搞不定的对手！

能够随机应变！

对方没法用职场权势压迫我！

圆滑地和不喜欢的人打交道。

不要输给那些老是投诉的人。

镇住那些发火的人。

提高自己的评价！

能圆滑地拒绝对方。

能够读心！

想给人留下好的印象！

想要找对象！

想要晋升！

做个不生气的人。

目 录

PART 1
提升好感度的 28 个心理学小窍门

PART 2
探知对方的心声、性格乃至“小秘密”的 18 个心理学技巧

PART 3
让你在职场上无往不利的 42 个心理学技巧

PART 4
控制自己和对方情绪的 24 招妙计

PART 5
男女心理的表与里 12 则

卷末礼物

不可不知的 28 条心理学法则

PART 1

提升好感度的 28 个心理学小窍门

人性的魅力在那些备受人们爱戴与喜爱的人身上展露无遗。“早上好”“你好”等问候语仅仅是礼貌的表现，但如果再加上“今天还是那么热啊！”“上星期多亏您了！”“加油啊！”“真是辛苦你了！”等表示共鸣、感谢、激励或是褒奖的话语，会让对方心里觉得暖洋洋的。对方了解你的情况，就表示你得到了对方的关注与认同。

01　如何在相逢的一瞬间让对方产生好感

人们遇到自己喜欢的人或事物时，就会睁大眼睛

在与陌生人相逢的一瞬间，人们总是会猜测对方究竟是什么样的人（其目的在于辨别对方是否会对自己产生“威胁”）。因此，面对初次相见的人，人们总是会精神紧张，面部表情和语言也会变得十分生硬。

此时最应该做的就是舒眉展目，用笑容以对。只需如此，对方就会在不经意间对你产生好感。

而当人们遇到自己喜欢的人或事物时，瞳孔往往会无意识地扩张，眼睛也随之睁大。因此，你可以通过对方的这种表情变化来尝试着判断对方对自己的态度。

要点

人们在相遇的瞬间给对方的第一印象被称为首位效应[1]（primacy effect）。如果此刻你的表情是恐惧、不快的话，那么对方就会认为你对他构成威胁，而你在他心目中的形象也会变得非常不

好。虽然只是一瞬，但第一印象往往会扎根于人的脑海中，长时间影响对方对你的判断。

写下你的小心思

02 只要嘴角上扬，就能给对方以好印象

笑容向对方传递的是“友好”及“有共鸣”的信号，是让对方摆脱紧张的简单技巧

服务行业最注重的就是要面带笑容。要是接待客人时愁眉不展或是满脸不耐烦，那么客人会感受到“威胁”，而这种“威胁”会刺激其交感神经，从而使其产生不快的感觉。这里所说的“威胁”，其实与动物遭遇天敌时紧张的反应别无二致。笑容是非常重要的，因为它能让对方感受到善意。

虽然笑容多种多样，但其实你只要把嘴角上扬，在对方看来，那就是一个微笑，对你的好感度自然也会大幅提升。

要点

而暴躁易怒、好勇斗狠的人，通常都会故意做出一副令人生惧的表情。这是因为他们经常需要恫吓他人，借此使自己具有威慑力。毕竟对他们而言，谁更加有气势，形势就会对谁更加有利。

03 问候能够让对方记住自己，提升好感度

问候表示对对方的尊重与接纳

“早上好！”“辛苦了！”我们遇人应该主动跟对方打招呼，而且语气要充满朝气。“要是对方不理睬我，该怎么办……”如果是这种犹豫不定的态度，那么换来的肯定是对方的无视与冷漠。只有尊重他人，才会被别人尊重。因此，语调平淡、无精打采的问候难以博得对方的好感。这种打招呼的态度，也无法让对方觉得你已经接纳了他。

在与对方相遇时，要笑颜以对，主动跟对方打招呼，这样对方才能感受到你对他的尊重与关怀。

要点

求生欲是人的本能。人们如果觉得自己被忽视、不被重视，就会觉得受到了“威胁”，感到不安，从而激发其求生的欲望。要想站稳脚跟，首先就要尊重对方，而要想尊重对方，就要做到主动跟对方打招呼。

04 问候过后再寒暄几句，拉近彼此距离

几句恰如其分的话就能让对方的被认同感得到满足

人性的魅力在那些备受人们爱戴与喜爱的人身上展露无遗。“早上好”“你好”等问候语仅仅是礼貌的表现，但如果再加上“今天还是那么热啊！”“上星期多亏您了！”“加油啊！”“真是辛苦你了！”等表示共鸣、感谢、激励或是褒奖的话语，会让对方心里觉得暖洋洋的。对方了解你的情况，就表示你得到了对方关注与认同。

05 说话时简明扼要更能赢得对方好感

改掉说话时喜欢加入多余语素的坏习惯

很多人在说话时喜欢加入诸如“嗯……”“啊……”“那个……”之类多余的语素。尤其是开会或讲演时，在领导、同事等人面前容易紧张的人更是如此。

但这些多余的语素会给听众造成困扰。因为这些多余的成分使得语义含混不清，让人弄不清你到底想表达什么。也往往因此，有这个坏习惯的人很容易让人产生没自信、没主见的印象，因而被人轻视。所以，我建议你用录音笔做一下自我检测，看自己到底有没有这个坏习惯。

如果你不幸有这个坏习惯的话，说话的时候注意不要紧张，养成事先总结出要点的好习惯，这对改掉这个毛病将会有很大的帮助。

要点

人们在说话时往往会无意间夹杂着“嗯……”“啊……”“那个……”之类的语素。这是人们在思考下一句要说些什么时，为了填补语言上的空当而不经意发出的声音。美国人称其为“填充词（filler word）”。在美国，人们很热衷练习在演讲过程中避免使用此类填充词。

写下你的小心思

06 别人提醒自己时，回以感谢的言辞

"有魔力的"感谢之词

当人们提醒别人注意时，语气通常会比较生硬。例如像“不要将此物品放在这里！”这种命令式的语句。通常被提醒的一方会怒上心头，回复：“知道了！多管闲事！”另一方也会立刻还以颜色：“既然知道，就不要乱放！”如此，两个人之间的关系立刻就会变得紧张起来。

其实当自己被别人提醒时，如果回以“多谢提醒”之类感谢的言语，就会平安无事了。即便对方气势汹汹，如果你冷静地以一句“多谢您的忠告”回应的话，对方不悦的心情也会随之散去。

要点

感谢之辞能够满足对方被认可的欲望，同时也能使其自尊心得到满足。所以，当对方听到你的客气有礼的感谢之辞时，往往会笑逐颜开地说：“不用客气，这没什么的……哈哈！”

07 学会“欲扬先抑”的谦逊表达

说话时“否定在前，肯定在后”一定会让对方的看法大为改观

馈赠礼物之时，日本人总是非常谦逊，从来不肯自夸。然而，这种谦逊却总给人以冷漠的印象。如果说“小小礼物不成敬意，这是×××的传统手工艺品”或者“为您准备一些小点心，每天限量50个，我排队买的”，看似若无其事地在句子的后半部分附以正面评价的话，礼物的附加价值会大幅提升。这是因为句末肯定性的表现会令人印象更加深刻，即系列位置效应[2]（serial position effect）。

08 转述他人对某人的夸赞，更容易让对方喜欢你

当人们听到别人对自己的正面评价，其自我认同感会得到提升

当我们听到别人评价自己“据说他精通经济学”或“据说他在工作上取得了丰硕的成果”时，即便自认没有那样的能力，也还是会非常高兴。因为这会让我们觉得自我价值得到大幅提升。即便我们明知道这是善意的谎言，但听到别人如此评价自己时，还是会欣喜不已。其实转述别人对当事人的正面评价，也会让当事人对你产生好感。因为这比用你自己的标准去评价更加令人信服，这就是温莎效应[3]（windsor effect）。

要点

赞扬一个人真的很难。直截了当地赞扬别人，会被别人认为是客套话、谄媚、拍马屁、恭维、社交辞令、逗人开心或阿谀奉承。但如果是转述他人的赞美之词的话，比如“××曾跟我讲

过，他觉得你做事很靠谱，很实在”，那就会显得自然多了。

写下你的小心思

09 适当表达善意，让对方乐于为你效劳

一旦打开心情愉快的阀门，就会令人欲罢不能

不善于求人的人，言语之间总会让他人觉得他是以自我为中心的人。这类人给他人的感觉总是那么高高在上，说话的语气也总让他人觉得为他做事是理所当然的。面对这样的人，对方是不会爽快地答应他提出的要求的。而善于求人的人，每每求人办事之前总要先夸奖对方一番。比如说，想要邀请同事一起去打麻将："工作全都做完了吗？你总是快人一步啊！不如今天晚上一起打麻将吧？"再比如，手头的文件需要上司处理时说："课长，今天您的领带还是那么漂亮。对了，麻烦您帮我盖个章吧。"想让妻子帮自己拿啤酒时说："嘿，你今天这菜做得真是绝了！顺便帮我拿瓶啤酒呗。"

要点

谁都不想为以自我为中心的人办事，这是人之常情。因此，如果想让别人答应自己的请求，就要首先考虑对方的感受，让对方心情愉悦，这

样对方才会乐于为你服务。只要你肯稍微下一点功夫，对方就会乐于为你效劳。

写下你的小心思

10　在指挥或命令别人时如何避免反感情绪

地位可以高高在上，但态度绝不能高高在上

有些地位较高的人总会对地位比自己低的人态度蛮横，或是不由分说就随便命令别人。人们通常最讨厌的就是被束缚和被命令。过于强硬的话，就很有可能让对方反感，甚至出现对抗的行为。因此，我们在向对方下达指示或命令时就要格外慎重，有时需要用“疑问口吻”代替“命令口吻”。不要用“一定要在本周之内把合同给我签下来！”这样的语气，而应该用“本周之内能把合同签下来吗？”这样的疑问句。使用疑问句下达指示或命令，会给对方一种自主决策的感觉。同时，作为上司的你也会从中获益匪浅。

要点

谁都希望能够自主思考、自发采取行动，这是人之常情。进入公司以后，人们被各种规章制度及工作任务所束缚。如果上司能在交流中给下

属自主思考、自主行动的机会，这样会有效减轻他们的工作压力。

写下你的小心思

11 不会让对方产生反感的“善意斥责”

突如其来的“禁令”会让人心生反感

当你的部下经常犯错时，批评是非常必要的。但人却总是难以控制自己的感情，本来打算用冷静的态度进行批评的话语，到最后经常会演变成大声斥责。此刻，与其将自己的观点强加于人，倒不如借助他人之口，因为只有这样，才不会令对方心生反感并接受批评。我们把这种做法叫作“我的朋友约翰法”，即使用“我的朋友约翰曾经这样说过”之类的表达方式来陈述自己的观点。较之“不要总是迟到，你这个笨蛋！”显然，“一位跟我一起入职的朋友总是迟到，上司对他的评价简直差到了极点，但突然他就不迟到了，据说是因为采取了行之有效的措施”之类的说法更具成效。

要点

我们在教训别人时，经常会把自己的观点强加于人，甚至会发出诸如“10点之前一定要上床睡觉！”“别再喝酒了！”“下次买个特大音量的闹钟！”“你这个家伙，这个月的奖金别想拿了！”“下次等着你的就是被解雇！”之类的怒吼。其实较之怒吼，经验和教训更能让人印象深刻。

写下你的小心思

12　“一切都是为你着想”的逻辑

名为“晓以大义”，实则欺瞒哄骗

即便公司的业务当中有一些违反法令法规，也仍然有人会说：“这全是为了公司的发展，没有办法。”这是彻头彻尾的歪理。

无薪加班和远距离通勤令你苦不堪言，可一旦有人对你说“这全都是为了你家人的幸福”，你居然也点头称是。

这就是所谓的大义的威力。即便有一些违背社会正义或是不正当的行为，如果用偷换概念的手段加以曲解的话，就会让人觉得那也是理所当然的。

13 多鼓舞对方，能提升行动力

人行动的动力源于自豪感和自尊心

由于各种各样的原因，有的人总是会犹豫不决，迟迟无法将计划或决定付诸行动。其实要激发起人的斗志很简单，只需一句“好好把握展现自我价值的机会吧！”或是“这是你展示男子汉气概的最好机会！”他就会因为荣誉感而行动起来。

人的自豪感一旦被激发出来，就会立刻演化成为行动的动力。这是让他们踏出第一步的勇气源泉。比起“总是犹豫不决”“一点胆量都没有”这些轻蔑的言语，鼓励的言语显然更能激发他们的勇气。当他们下定决心以后，我们还可以用“你一定能行的！”带有预言性质的话语进一步对其进行鼓励。

要点

所有人都有自豪感。人的自豪感一旦被激发出来，其自尊心也会随之增强。这样一来，他们就会进行积极的自我暗示：“我也一定能行！”因为谁都不想辜负他人满怀善意的鼓励和褒扬。

写下你的小心思

14 改变思维方式以缓和危机

让认识与思维变得更加简单

一个人对事物的看法和思维方式取决于他的思维结构及知识机构。说得夸张一点，可能有人会因为重大过失而一蹶不振，甚至说出“今后再无出头之日……”之类的话。也有些优秀的运动员因伤病入院而悲观地吐露“这回恐怕要失去参赛的机会了”的心声。

这时我们就需要用“虽说出现了重大过失，但既然这个计划中的问题迟早都会浮出水面，及早发现或许未尝不是一件好事”“住院或许也是一件好事，这是上天给了你一个休息的机会。既然上天这样安排，肯定有其道理，好不容易有机会好好休息一下，凡事要往好处想”等言语让他们转变一下悲观的心情。

要点

改变思维结构在心理学上被称为“重构”。厄运降临之后，与其自怨自怜，倒不如转换思维，想一想不幸的背后一定会有另外一种幸运在等着自己。而且，从心理健康的角度考虑，积极的心态对人们来说也非常重要。

写下你的小心思

15 想象最坏的情况，就不会痛苦得无法自拔

没有比较就没有所谓的幸福与不幸

前面所说的因失败而意志消沉的人和因受伤而沮丧不已的运动员，都是因为对现实过于悲观才会如此。这时，我们有必要让他们想象一下最坏的情况会是什么样的，让他们明白，比起最坏的情况，他们还算是幸运的。

例如说“这点挫折算得了什么？要是发现得晚一点的话，事态将会变得更加不可收拾”或者“幸好只是受了点小伤，这种情况下一个不小心连命都没了”，或许会有效果。

这一点与第14小节中的重构相同，都属于“助攻”的案例。

要点

幸运还是不幸，快乐还是沮丧，都是比较而言的，发生在一定的思维框架内。如果认为眼前发生的一切就是不幸的话，那么可以想象一下最

糟糕的情况，对自己的思维进行重构。进行思维重构的目的是帮助心灰意懒的人重新振作起来。

写下你的小心思

16 走路时昂首挺胸，给对方留下好印象

昂首挺胸表示人处于“正常状态”

人在身体状况不佳时，通常会是一副驼背弯腰的姿态，坐下时如此，走路时更是如此。美国生物化学家与遗传学家马歇尔·沃伦·尼伦伯格（Marshall Warren Nirenberg）曾经倡议，走路时要目光平视、挺胸、双臂摆动有力。这样的人往往给人以乐观向上、胸怀大志的印象。让我们经常保持昂首挺胸的姿态，给别人留下一个好印象吧！

17 接近他人时要“人未到，声先到”

接近他人时应让对方有所准备

美国人类学家爱德华·特威切尔·霍尔（Edward Twitchell Hall，Jr.）认为，人与人之间应保持适当的空间距离，并称其为“私人距离（personal space）”。对象不同，私人距离的范围也不尽相同。

十分亲密的两个人之间的距离即便是缩短到40~50厘米，也不会让人觉得不舒服，但陌生人要是进入到距离自己2~3米的范围内，人们就会感受到威胁。我们在接近他人时，一定要注意这一点。我们在专心致志地伏案工作时，要是有人从背后拍我们的肩膀的话，免不了会受到惊吓。因此，突然接近对方的做法是不可取的，可以轻声呼唤对方姓名后再缩短与对方之间的距离，这一点非常重要。

要点

私人距离也同样代表了心理上的界限，这是由双方的亲密程度决定的。通常情况下，男性之间的私人距离的范围比较宽泛，而女性之间的私人距离的范围则比较小。同时，由于男女之间的距离感各不相同，因此很容易对彼此之间的关系产生误会。

写下你的小心思

18 尊重对方的姓名，对方才会对你有好感

姓和名是一个人自我同一性（identity）的显现

我们将identity译为“自我同一性”，是一个人自我存在价值的重要体现。人们对自己的姓名非常敏感，那是因为姓名对于一个人来说，是其存在价值的一种体现，是无可替代的珍宝。日本人往往在被直呼姓名时感到不快，只有在被他人称作“高桥先生（小姐）”“寺田先生（小姐）”时才感觉到自己被人尊重，从而对对方心生好感。

姓名的尊严绝不容他人侵犯。

因此，在职场中略去对方姓氏，而只称其职务名称的做法，例如称呼对方“部长”“课长”等，相当于对对方的一种侮辱和蔑视。我们在称呼对方时，一定要称其为“高桥部长”或“寺田课长”等，这样一来，自己在对方心目中的好感度也会不断提升。

要点

如果关系不错的话，我们口中的“高桥先生

（小姐）”或是“寺田先生（小姐）”就会渐渐变成了“老高”或是“小寺”。但有时候掌握不好尺度，突然向对方表示亲近的话，对方可能会表示抗拒，所以最好还是保持正确而礼貌的称谓。因为只有这样，对方才会对你心存好感。

写下你的小心思

19　被人喊了名字后应立即回应

你是“尊重他人的人”还是“肆意妄为的人”，一试便知

有些人被人喊了名字以后并不马上应答。要是恰好自己很忙，就会爱理不理，以一种很不耐烦的腔调回应对方：“嗯？啊？什么？”这样给人的印象十分糟糕。长此以往，以这种态度应对别人的人，大家迟早会敬而远之。

20 在对话中使用缓冲性语言会给对方留下好印象

单刀直入的谈话方式容易让对方感受到"威胁"

突然以单刀直入的方式说起“某件事突然起了变故”等方面的内容，很容易让对方感觉受到“威胁”。这是因为你在说话时并没有摆出倾听对方意见的姿态，而是一味采取攻势。与人交谈时，切忌单刀直入，一定要让对方做好心理准备。急匆匆或是慌慌张张的表达方式，只会让对方产生不快的情绪。就像“打搅您一下，这件事是关于……”说话时应该先做铺垫，再切入正题，才是符合礼仪的做法。而其中缓冲性语言的重要性不言而喻。

要点

要想维系良好的人际关系，切记不要让对方产生受到了“威胁”的感觉。对于让自己感受到“威胁”的人，人们会在无意之间牢记于心，并在记忆当中沉淀、堆积下来。这是人的本能。

21 学会倾听，提升自己在对方心目中的好感度①

善于倾听和适当的附和会给对方以好印象

“与××交谈真是愉快！”“××的交谈技巧一流！”得到上述评价的人并非善于表达，而是善于倾听。这类人在对话过程当中，自己所说的话往往只有两三成，而把七八成说话的机会都让给了对方。让对方心情愉悦、开口说更多的话，对方才会觉得愉快，聊得投缘。其实，很多善于倾听的人也都很善于附和他人。他们总是能够随机应变地抛出一些诸如“是的”“是这样啊”“原来如此”“接下来怎样了”“这我倒是有所不知”“真有趣”或是“真是长见识了”等语句配合对方。

要点

若是遇到愿意倾听自己心声的人，无论是谁，都会十分开心。这是因为谈话者被认可的心理需求得到了满足。附和的要领在于肯定他人所说的话，以及呈现乐意倾听的姿态。

22　学会倾听，提升自己在对方心目中的好感度②

让对方产生主人公意识，引导对方多说一些

如果自己对别人所说的内容比较熟悉的话，就总喜欢多说上几句，不知不觉中就变成了自己一个人在说，这样的场面可谓屡见不鲜。为了避免这种情况发生，我们就要通过发问的方式使对方成为谈话的主角。比如说，对方抛过来一句“今天早上的地铁中央线可真够挤的”，较之回应“可不是，真够人受的”，根据当时的情况，询问对方当时的感受及行为，例如“可不是，乘车时还算顺利吧？”之类的语句，显然效果更佳。如此一来，对方想说“哎呀，可不是，差点没挤上车，把我给急坏了”的记忆就会复苏，接着以主角的角度侃侃而谈。

要点

诸如“当时你是怎么做的？”“你是怎么想的？”“你做何感想？”之类的问句，都是一些能够激发对方主观性的提问。相比对事物的客观

看法，以主观的角度去述说更容易使对方产生倾诉的欲望。如此一来，对方就会更容易向你敞开心扉。

写下你的小心思

23　减少使用“对不起”“不好意思”之类的致歉词

相比“不好意思”，“打扰您一下”才更符合社交礼仪

有的人经常把“对不起”或者“不好意思”挂在嘴边。但在商务场合，无论是和人打招呼还是表达歉意，这样的语言都显得十分幼稚。因事打扰别人时，使用“失礼了”“打扰您一下”“打扰到您万分抱歉”或“能耽误您一点时间吗？”等带有缓冲性质的语句是十分聪明的做法。另外，在致歉时仅仅说“对不起”的

话，则显得过于随便，正确的说法应该是“向您致以诚挚的歉意”。

写下你的小心思

24　语言的灵活转换是给人留下良好印象的法宝

要尽量回避负面词汇

过多的否定性语言或言辞粗鲁会让你的形象大打折扣，比如说“像个白痴似的”“一副穷酸相”“破破烂烂”“真小气”“面露凶色”“冷酷”“真啰唆”“笨拙”“反应迟钝”“大大咧咧”等直白而又粗鄙的措辞。语言是有灵性的，我们称其为“语言的灵魂”。“语言的灵魂”也是人的自身价值的一种体现。措辞粗鲁的人，其自身价值也会随之贬值。如果将口头语变成“没有共鸣”“外表差一点”“有失文雅”“懂得节俭”“面相严肃”“实用主义”“直觉敏锐”“略显不足”及“不拘小节”的话，往往能给人们留下精明强干的印象。

要点

语言优雅与否，是一个人是否有教养的象征。一个人的词汇量足够丰富的话，在对话中就能运用许多得体、大方的语句，那么人们就会觉得这个人一定是充满理性和智慧的，也就非常容易给人留下好的印象。

写下你的小心思

25 通过镜像效应提升自己在对方心目中的形象

像镜中影像一样“跟对方动作一致”，从而使其产生亲近感

镜像效应可以作为一种亲近对方的手段。比如说与对方面对面坐下时，对方点了一杯冰咖啡，“我也要一杯”，你可以与对方步调一致。当对方端起杯子喝咖啡时，你也像镜中影像一般端起杯来喝上一口。对方伸手揉揉自己的后颈部，你也揉一揉自己的颈部。对方拿起笔，你也跟着拿起笔。像这样适度的模仿，我们称其为镜像。

如此一来，对方就会产生跟自己个性相投的错觉，不知不觉间放松警惕，与你安然相处。仔细观察，我们就会发现，互相爱恋的情人在不经意间就会有这种行为。

要点

如果对方发现你是在刻意模仿他的行为的话，反而会引起他的警觉。所以，这种镜像行为我们要在不知不觉间进行。诸如“我也是这样认

为”“我也赞成”之类的言语，我们则称之为镜像语言。

写下你的小心思

26　颜色效应帮你树立良好的自我形象

颜色具有独特的心理学效应

警察或警卫的制服都是黑色系的，因为黑色给人以威严的感觉。体操服及运动鞋以白色居多，因为白色给人以轻松、清爽的感觉。黄色给人以顽皮和幼稚的感觉，粉色给人以可爱的感觉，而蓝色则会给人一种爽朗的独特印象。

合理运用各种色彩就能够塑造出一个完美的自我。看起来不够成熟的你可以选一身黑色的正装，这样会让你看起来更加成熟。另外，如果能够在身上缀以红色的话，你的魅力将会更加突显出来。

一般说来，暖色系能够稳定人的情绪，同时会让人感觉时间过得较慢；而冷色系则会给人一种冷静且新鲜的感觉。

要点

美国曾有过这样一个关于颜色的心理学实验：心理学家让参加实验的男性看身着各种颜色

制服的同一位女性的照片时，参加实验的男性一致认为，照片中的女性穿红色制服时最有魅力。另外，在餐厅进行的实验结果表明，当店员身着红色制服时，得到的小费是最多的。

写下你的小心思

27 运用反差感来提升自己的形象

突然的转变，让自己的形象焕然一新

某一天，一位长发女性剪短了自己的头发，从优雅女性变身为时髦女郎。

某种事物前后出现较大反差时，令人瞠目结舌，人们就要重新认识这一事物存在的价值。这是因为事物的新面貌总是会让人耳目一新。就像一个活泼开朗的人突然变得神色黯然、萎靡不振，人们难免会想："到底发生了什么？"如果一个看起来很瘦弱的人，自我介绍时说自己是空手道三段，我们自然会对他另眼相看，这就是利用了"反差感"。只要你做出一些不同于以往的举动，他人对你的印象就会大为改观，以往的负面形象甚至会有可能因此一扫而光。

要点

一对恋人遇到一位外国人问路，女性用流畅的英语对答如流，在一旁的男性见此情景惊得目瞪口呆。他这才发现，原来女朋友的英语居然这么好！这就是反差感产生的影响，由此，他对自己的女朋友有了新的认识。我们也时常送出一份意外，让身边的人大吃一惊吧！

写下你的小心思

28 义无反顾地奉献给人以好印象

即便没有人看见，也要立刻采取行动

看到垃圾桶满了就应该立刻采取行动，把垃圾倒掉。发现坐便器脏了，就应该马上用刷子和抹布清理干净。即便没有人注意到自己的举动，这种无私奉献的行为总能给别人留下好的印象。你为了大家，把本不属于自己的任务揽到了身上，这是一种有公共意识的行为，而这种行为一定会引发大家的关注。

聚焦1　光环效应（halo effect）与终身收入之间的联系

相貌好的人终身收入会更多

在心理学当中，有一种现象叫作光环效应，指从某人的一部分显著特征当中推导出这个人的整体特征。其中“光环”指的是神佛菩萨身后的“圆光”。人们普遍认为，“美人必定心思澄净”（正面光环效应），而“不良少年肯定性格不好，头脑也不太灵光”（负面光环效应）。

我们看到美人的美，只是受到视觉方面要素的影响，而不良少年的堕落与颓废则属于社会方面的要素。

很明显，我们在找工作及换工作的过程中，正面光环效应发挥着非常积极的作用。

我们的简历上最能给人留下深刻印象的，恐怕要算照片了。此时，俊男美女的优势就十分明显。

由此，也不难理解为什么很多韩国人会在大学毕业后进行整容了。如果在简历中加入较高的学历以及在知名企业中的工作经验等社会方面的要素，更有助于提升你在对方心目当中的形象，让人觉得你能力出众。

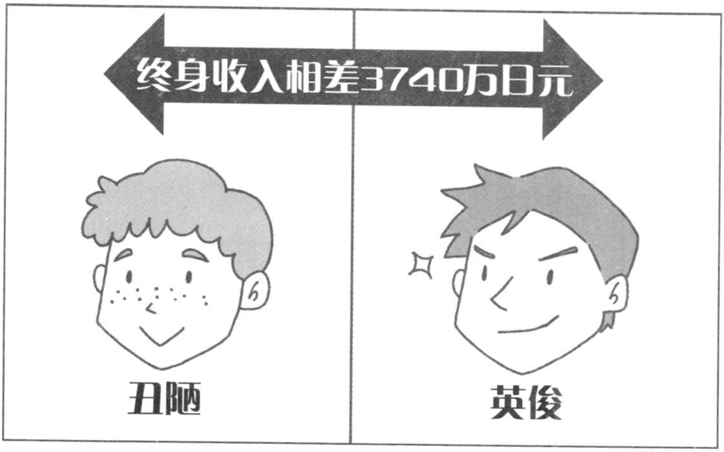

得克萨斯大学的丹尼尔·S.哈默梅什（Daniel S. Hamermesh）就外貌与终身收入之间的关系对7500人进行了调查（《颜值经济》，东洋经济新报社，2015年出版）。调查结果表明，容貌姣好的女性较之容貌平平的女性，其终身收入多出8%；而容貌在平均水准以下的女性，其终身收入则较容貌一般的女性少4%。由此可知，容貌对女性终身收入的影响竟达12%之多。拿日本女性为例，拥有大学文凭的女性终身工资的中位数约为2亿日元，其中美女和非美女之间的差距可达2400万日元。

另外，颜值较高的男性比容貌平平的男性的收入约多出4%，而颜值在平均水准以下的男性，则比容貌平平的男性的收入少13%。可见颜值对男性经济收入的影响竟高达17%之多。拥有大学文凭的男性，其终身工资的中位数约为2.2亿日元，在此基础上进行推算，男性相貌英俊与否，其终身工资差距竟高达3740万日元。当然，因为上述调查是在美国进行的，换成日本的话，情况未必真会如此。但是这个实验说明了一个事实，它告诉我们一个人的相貌、表情和行为举止是何等重要。

小知识

[1] 首位效应：心理学一个古老的发现之一就是人们倾向记住开始和末尾的事情。在学习时我们也要考虑到这个，开始阶段和最后阶段的信息相对于中间阶段的信息更容易记住，所以学习者应该把最重要的任务放置于学习的首尾。这就是后期学习的知识对于回忆之前所学习的知识的干扰作用。

[2] 在系列学习（serial learning）中，对一系列处于不同位置的记忆材料回忆效果不同。系列位置效应就是这种接近开头和末尾的记忆材料的记忆效果好于中间部分的记忆效果的趋势。其开头和结尾记忆效果较好，分别叫首位效应和近因效应（recency effect），而其效果较差的中间部分称为渐近部分。

[3] 温莎效应指通过第三方说出的话，会比直接从当事人口中说出更让人觉得可信度高。

PART 2

探知对方的心声、性格乃至“小秘密”的18个心理学技巧

与面部有关的特定动作能够表达特定的情绪，这一点在所有人身上都是共通的。如果能够记住几个有代表性的动作，就能在与人接触的过程中洞知对方的情绪。这里尤其需要注意的是，如果对方处于兴奋状态，且鼻翼不断抽动的话，往往说明他已经极度愤怒，这时候另一方想要平安无事，最好选择换一个话题。

29 通过微表情洞知对方的情绪

与面部有关的特定动作表达特定的情绪，这一点在所有人身上都是共通的

我们可以通过观察对方与面部有关的特定动作来洞察其情绪。以手轻触嘴唇可能是表示自我安慰，这与婴儿通过吮吸奶嘴来获得安全感是一个道理；舔嘴唇可能是表示对某一事物感兴趣；摸耳朵可能是感到为难或对某一事物不感兴趣；用手指掐捏两眉之间可能是表示陷入沉思；以手抚额则往往是处于混乱状态或是经历失败后的标志性动作；一个人非常自信的时候通常会扬起下颌；笑的时候单侧嘴角上扬通常则表示轻蔑；而嘴唇呈现出一字形，则是紧张或有不满情绪的常见表情。

要点

与面部有关的特定动作能够表达特定的情绪，这一点在所有人身上都是共通的。如果能够记住几个有代表性的动作，就能在与人接触过程中洞知对方的情绪。这里尤其需要注意的是，如

果对方处于兴奋状态，且鼻翼不断抽动的话，往往说明他已经极度愤怒，这时候另一方想要平安无事，最好选择换一个话题。

写下你的小心思

30 通过动作举止洞察对方的心声

本能和潜意识体现在不经意的动作和举止上

人们总是喜欢用双臂环抱于胸前这一动作来获得安全感，这是一种在不安与警觉状态下才有的动作，是一种自我安慰的行为。说话的时候不时以手势进行辅助，说明这个人想要说服对方；如果一个人双手下垂，而且弯着腰的话，说明这个人对眼前的事物提不起丝毫兴趣；如果一个人放声大笑，说明这个人想引起别人的注意；如果一个人用食指到处指指点点的话，说明这个人正处于焦躁不安的状态或带有敌意；稍纵即逝的笑容往往是伪装出来的；处于优势地位的人握手时喜欢非常用力，而软弱无力的握手则说明这个人对对方毫无兴趣；收下颌的同时，目光向上，则表示这个人怀有很深的疑虑；经常握拳表示这个人心怀不满；摊开手掌则表示这个人处于非常放松的状态。

要点

在关注对方的手及手臂动作的同时，我们也要注意观察对方的表情。目光突然间变得锐利或突然蹙眉的话，很可能是感受了敌意。另外，频频点头称是往往是不耐烦的表现，其实此刻此人非常希望对方早点结束对话。

写下你的小心思

31　通过观察腿的状态洞知对方的心声

腿是最能够如实反映人的本能的敏感部位

通过偷偷观察对方隐藏在桌子下方的腿的状态，我们便能洞察其心声。

如果对方将两脚平稳地置于地面上，两膝并拢并正对着另一方的话，这说明此次对话正向积极的方向发展。如果对方两脚相互交叉，说明他正处于一种极其放松的状态。如果对方脚尖着地，而脚跟抬起的话，说明他很开心。如果对方两脚足底扣在一起的话，说明他现在觉得很无聊。如果对方单足或双足着地，而足尖并非指向正前方，而是某一随机方向的话，则说明他想要尽快结束对话。另外，如果对方无意识地颠腿的话，说明他感受到了某种压力，想要借此缓解压力。

要点

当自行车摇摇晃晃地撞过来时，最先做出反应的就是我们的腿和脚。在草丛中发现蛇以后，飞快避开的也是腿和脚。腿和脚是与反射神经联系最密切的身体部件。隐藏在桌子下面的腿和脚，其实最能道出人的心声。

写下你的小心思

32 通过观察手的状态洞知对方的心声

最能够如实反映出对方情况的动作都发生在桌子的上面

将自己面前的杯子等器物移到两边，表示希望以诚相待；相反，如果不肯移开的话，则表示怀有戒心。两手手指交叉，两臂呈环状，或是紧抱自己的双臂或手肘，也表示怀有戒心；手指自然蜷曲，手掌朝向桌面，表示态度积极。如果将双手置于腿上，往往表示持慎重态度；如果双手在大腿上摩擦，则通常是不安的表现。而手里摆弄小物件，表示无聊或厌烦。

33 通过对方的口头禅了解其性格①

无意识的言语是其内在心理状态的真实写照

任何人都有口头禅。口头禅是一个人性格的真实写照。

·“但是”“可是”“无论如何”——极度自恋、喜欢批评别人。

·“原来如此”“的确如此”——表面上言语温和，实则性格顽固。

·“一般说来……”——虽然总是发表一些一般性言论，实则希望自己能够高高在上。

·“嗯……”——并非真的在思考，而是一种缺乏自信的表现。

·“真厉害”——并非真心赞扬，只是随声附和。

·“真可爱”——同时也希望别人认为自己可爱。

·“总而言之……”——急性子，喜欢掌控全局。

·“先这样吧”——不愿与别人发生冲突，是喜欢妥协的和平主义者。

要点

口头禅不同于真正意义上的语言，多为当事人表达其自身愿望的一种形式。有些具有实际语义的口头禅会在人们不经意间表达出来。而且，通过口头禅也能够了解一个人内心的真实想法。

写下你的小心思

34 通过对方的口头禅了解其性格②

一些口头禅如果不刻意矫正的话，就会给身边的人留下不好的印象

带有排挤他人性质的口头禅非常令人讨厌。

· “如此说来……”——否定他人、任性、自我意识强烈。

· “正是因为这样……”——强调自己优于他人，以自我为中心。

· “不是这样的”——喜欢立刻否定别人的言论，希望主导权一直握在自己手中。

· “我说你这个家伙”——喜欢说教，自以为是。

· “你莫不是傻了吧”——为了使自己处于优势，经常把别人当成傻子，高傲自大。

· “你说什么呢”——只认同自己的意见和想法，个性顽固。

· “你明白了没有”——认为对方不如自己，优越感十足。

· “果然如此”——就好像是在预言别人一定会失败

一样，性格傲慢。

要点

有的口头禅会伤害到对方，再没有什么比这更糟糕了，因为这种口头禅通常都带着一种否定他人存在价值的口吻。这类口头禅不但会令人反感，更会让身边的人敬而远之。我们平时一定要多加注意，说话时不要带此类口头禅。

写下你的小心思

35　通过对方的口头禅了解其性格③

无意识的潜台词会影响到大脑

虽说任何人都有口头禅，但有些消极的口头禅却是不可取的。例如，经常会有人说“啊，好无聊啊”“不行了呀”“这个混蛋”“唉，一点都不好玩”之类的口头禅。这些人的人生极有可能会沿着他们口头禅中所描述的方向发展。因此，最好还是离有这些口头禅的人远点为妙。大脑会将潜藏在潜意识当中的语言进行累加。如果经常把“无聊”挂在嘴边的话，那么这个人的思维也将被“无聊”所左右。由于自我暗示的作用，他的一切都将倾向“无聊”，而将令人愉悦的事物拒之门外。

要点

在日本，自古相传“言灵”蕴含于语言之中，且拥有一种不可思议的力量。欧美也有诸如“affirmation（肯定的暗示）”之类的表现方式，用以说明语言能够左右潜意识的活动。如果总是给自己“我能行”或者“成功近在眼前”的暗示，那么你的大脑也将会记住这些肯定的暗示。

写下你的小心思

36 如何判断对方说的是真话还是假话①

被人揭穿说谎时的身体特征

※也有可能会沉默不语或是凝视对方。

当被人揭穿谎言时，说谎的人往往会出现“语速加快”“频繁眨眼”“假装不感兴趣”“目光游离不定”“试图改变话题”“手及面部流汗”“说话时失误增多”“语法混乱”“局促不安”“怒称自己没有说谎”“凝视对方”等变化。

37 如何判断对方说的是真话还是假话②

根据眼神是否游离不定来判断对方是否在说谎

在判断对方是否在说谎时，我建议根据对方的眼神来进行判断。当人们大脑的视觉区、听觉区及躯体感觉区处于活跃状态时，眼神就会随之发生相应的变化。当某人的目光望向上方时，就表示他大脑的视觉区处于活跃状态；当目光保持水平时，就是听觉区处于活跃状态；而目光低垂时，则表示他的躯体感觉区处于活跃状态。除此之外，有时人的目光还会左右飘忽。这种情况下，他可能正在发挥他的想象，脑子里浮现出一些未知的事物，或是在努力回忆起过去的事情。当我们问某人关于将来的事情，比如“下次什么时候休息？”或是问他过去的事情，比如“你在现在的公司工作几年了？”之类的问题时，他的眼神也可能会左右飘忽。当一个人说谎时，他的眼神是游离不定的。

要点

“眼神解读法”是美国语言学家约翰·格林

德（John Grinder）和心理康复师理查德·班德勒（Richard Bandler）在神经语言规划（Neuro-Linguistic Programming，简称NLP）中所倡导的、通过解析目光探知人的心理的方法。此方法已应用于心理分析及犯罪调查等领域。

写下你的小心思

38 如何判断对方说的是真话还是假话③

以谎言蒙混过关后身体上出现的变化

还有一种方法，能够在事后判断出对方的话语中是否包含一个乃至数个谎言。当对方所说的话真假难辨时，我们可以等对方说完之后再观察其表现。

人在担心自己的谎言被揭穿时会非常紧张，蒙混过关之后又会突然表现得十分轻松。这种情况下，人的身体往往会出现以下四种变化：

· 将手放到嘴边——表示担心自己失言而产生不安心理。

· 将手放到颈部或胸部——表示度过危机后放松的动作。

· 舔嘴唇——表示由于紧张而产生口渴感。

· 单侧嘴角上扬——表示欺骗成功后的成就感和轻蔑的心理。

要点

人在说实话时，即便被别人怀疑，也不会慌

乱，而是会考虑该如何进行澄清。但说谎时的表现则完全不同，一般会语速加快，目光也开始变得游离不定。也有些人会突然沉默，那是因为他们担心自己会说错话而被对方抓住把柄。

写下你的小心思

39 如何判断对方说的是真话还是假话④

可以用“已掌握相关证据”来试探对方

怀疑对方说谎时，可以用“已经掌握你是在说谎的证据”来试探对方，借此来观察对方的反应。即便只是虚张声势，对方也有可能被迫说出真相。例如可以用诈称有第三者目睹，说“有人看见了”，或以“现在我们就来看看证据吧”等言语震慑对方。

40　让对方道出秘密或是吐露心声的方法①

与其探究未知，不如追问过去

“您想要一台什么样的车呢？”汽车销售人员问他的顾客，试图从茫然的“未知”当中得出结论。“嗯……虽然有不少想法，但是……”顾客吞吞吐吐，也说不出个所以然。此刻销售人员最好询问顾客过去的经历：“您现在用车时觉得有什么不方便的地方吗？”如此一来，就可以让顾客轻易吐露心声，如车内空间狭窄、燃油经济性不好，等等。较之探寻“未知”，过去的事情相对而言比较容易回答，也更容易让对方吐露心声。当很多女性被问及“喜欢什么样的男性”时，恐怕她们只会回答“心地善良的”。但是当她们被问及“讨厌什么样的男性”时，她们就会给出“铺张浪费”“用情不专”等很多答案。

要点

当我们被问及“喜欢吃什么”或“喜欢哪一菜系”时，总会支吾半天也答不上来。但当有人询问我们过去的经历，如“你觉得迄今为止最好吃的是什么？”时，我们就会吐露心声：“河豚火锅！”“涮羊肉！”

写下你的小心思

41 让对方道出秘密或是吐露心声的方法②

转移对方注意力，出其不意

每当话题转移到自己身上时，人们总是闪烁其词，不愿多说。比如说当谈及收入情况时，人们总是会含糊其辞地说："我的年收入？这方面的话题有点……"如果从正面切入的话，对方就会堂而皇之地拒绝，干脆闭口不谈此事。

这时就要将话题转移到普遍现象上，如："咱们举个例子，你们公司的人平均年收应该是将近800万日元吧？""那是以前的事了，现在有600万日元就不错了。"这样一来，我们就能从其言语中推测出其收入的大致情况。如果使用"举个例子""假如说"等词语的话，就会给对方造成一定的错觉，以为是在说与自己无关的话题，这样一来就可能会失言，进而透露相关信息。

要点

要转移对方注意力，使其误以为是在说其他

话题，这一点至关重要。如果你这样问对方：“跟你一样漂亮的姑娘，曾经的恋爱对象怎么说也得10个以上吧？”或许对方就会放松警惕，道出实情：“哪有那么多啊？也就5个人吧。”此刻，对方竟将自己的秘密随口道出。

写下你的小心思

42 让对方道出秘密或是吐露心声的方法③

给出两个选项，让对方做出选择

有时直接询问对方喜欢什么，得到的回答往往是模棱两可的。这时要是能为对方提供两个选项的话，就省事多了。如果店员问你：“您喜欢哪种窗帘呢？”你肯定会由于窗帘的种类繁多而无从选择。如果对方要是问你“您喜欢暖色系的还是冷色系的？”或者“花色是选纯色系的还是漂亮一点的呢？”的话，选择起来就容易多了。

43 让对方道出秘密或是吐露心声的方法④

故意向对方传递错误信息

认真的人接触到错误的信息后，为了防止产生误会，往往会对错误的信息加以改正。例如，当我们提出“我听说这件产品是由东南亚劣质部件组装而成的，其成本不足售价的一成，这是真的吗？”的问题时，就有可能得到“根本不是这样的。大多数部件都是日本生产的，即便是在其他国家组装，其成本利润率最低也要达到35%左右”的回答，如此一来，关于这件产品的秘密便被透露出来了。当人们接触到错误的信息时，就会产生一种不改正不痛快的“使命感”，从而泄露秘密或是吐露心声。将关于对方不好的传言讲给对方听，或许会有意外的收获。

要点

相反，如果向对方传递的错误信息是对对方有利的，也能得到同样的效果。比如说，“听说专务您是东京大学毕业，毕业后又去美国留学，是个不可多得的人才”。对方听了以后，就会吐露实情：“啊？没那回事。我高中毕业以后就来到这家公司工作，充其量也只不过是创业的元老罢了。”

写下你的小心思

44　让对方道出秘密或是吐露心声的方法⑤

将对方所说的合理化，才能促使其进一步吐露心声

自己所说的话遭到否定或怀疑时，人往往会感到不快，继而便会拼命辩驳。例如，当你问对方“听说你跟女朋友交往的原因，就是图对方家里有钱？”对方立刻大怒，辩驳道：“哪有这种事？不要开玩笑了！”你接着说道：“她又不是你喜欢的那种类型，换成我，如果不是图她家里有钱，也不会跟她交往的。”如此一来，就会让人觉得图钱也不是什么见不得人的事。对方才会袒露心迹：“是啊，我也不是说自己完全没这个心思……”

要点

只有将对方所说的话合理化，对方才会觉得跟你志同道合，才有可能会进一步向你袒露心迹。例如当你问对方：“你将他排除在外的原因就是因为讨厌他吧？”“不是的。是因为他无法胜任。”对方淡淡地答道。当你说出自己的意

见：“其实把自己讨厌的家伙排除在外也无可非议。”这时对方就会承认：“嗯，说的也是。”

写下你的小心思

45 让对方道出秘密或是吐露心声的方法⑥

事先强调只有“你知我知”，诱使对方吐露心声

※“投资上出现重大失误”是一种让人脸上无光的经历，二人同病相怜，从此关系变得更加密切了。

“这件事就只有我们两个人知道……”听了这样的话，对方一定会非常感兴趣。“实际上，从前我跟由美谈过恋爱，你现在正在追求她吧？”对方听你这样说，一定会主动说出真相：“啊？是吗？我的确实在追求她……还是算了吧……”由于你事先告诉对方自己的秘密，进行了自我披露（self-disclosure），作为对你的报偿，对方也会透露自己的秘密（互惠性原理）。

46 让对方道出秘密或是吐露心声的方法⑦

请对方针对第三者的情况进行解说

对方评论其他人的行为时，通过对其逻辑及思维的分析，运用心理投射效应（psychological projection），亦可窥知对方的真实想法。比如有一位女性与她的男友交往很长时间，但对方却始终不提结婚的事，此时她就可以用其他人的事例进行试探。“我们公司有一对情侣，眼看都快40岁了，可他们还是不想结婚，你对这件事怎么看？”这位女性问道，其男友就可能给出“没准儿是因为女方年龄太大，男方的父母不同意吧”“他们或许只是单纯地把对方当作自己的性伴侣而已吧”“那个女人缺乏魅力呗”“是因为那个男的在经济方面缺乏自信吧”等答案。其实这些就是其男友自身的心理投影，这位女性也就可以根据他的回答来尝试了解他的真实想法。

要点

人们在推断他人行为的时候，总是会以自己

的想法为基准进行推断，这种推断的实质就是将自己的逻辑及思维反馈到其他人身上。因此，人们在评论他人的同时，也很容易将自己的真实想法透露给别人。其实，一个人的思维和想法是完全可以用简单的心理技巧去尝试推断出来的。

写下你的小心思

聚焦2　诈骗案被害人的心理

“我绝对不会上当”才是心理上最大的破绽

诈骗分为很多种，有结婚诈骗、投资诈骗、信息诈骗、传销、土地诈骗、以欺诈手段强买强卖、装神弄鬼骗取钱财、强行买卖、登门诈骗（假装修理房顶或驱除白蚁……）等，还有近年来激增的电话诈骗、转账诈骗、贷款保证金诈骗、虚假账单诈骗、税金返还诈骗、金融商品交易诈骗等新型诈骗。新型诈骗特指犯罪者使用电话等通信手段，不与受害者直接接触便可诱使多人上当，通过转账、收受等手段骗取被害人的钱财。此类诈骗案的受害者多为高龄者。据2018年日本公安部门统计，日本此类诈骗立案有16493起，涉案金额达356亿日元。

所有诈骗案都需要取得受害人的信任才能成功，这其中隐藏着很多心理学上的小把戏。

其中最有名的要算正常化偏误[1]（normalcy bias）了。大多数人看到媒体报道的诈骗事件以后，往往认为“这种诈骗手段居然还有有人上当？真是糊涂！总之，我是绝对不会上这种当的”。这会直接导致其在遭遇诈骗时判断失误。此外还有确认偏误[2]（confirmation bias），总是以先入为主的观点、以对自己有利的情报对形势进行判断的话，受骗在所难免。受害人总会有一种“天上掉馅饼，唯独入我口”的心理，却不会去考虑为什么幸运单单找上自己。

正是因为受害者的思维出现了这样偏差，才会认为骗子向自己提供的情报都是合情合理的。在此基础上，骗子再用不安与恐惧对受害者施压，致使其心理出现混乱，并丧失应有的冷静及判断能力。

例如，告知受害者“你有50万日元的返税，须于下午3点之前办理返税手续”。骗子通过规定最后期限的手段使其产生焦虑情绪。还有，骗子假装受害者的子女，边哭边给受害者打电话，告诉受害者：“我开车时追尾了，如果不私下调解，对方就要报警。”这会使受害者误以为自己的亲人情况危急，从而陷入混乱状态，甚至难以辨认对方是否真的是自己的孩子。骗子抓住受害者心理状态异常的机会，数人互相配合，演绎一出离奇的闹剧，借此来欺骗受害者。因此，面对无论大小的突发事件时，我们都要尽可能地保持冷静，理智地面对眼前的情况，不然下一个受骗的很可能就会是你。

正常化偏误
不安与恐惧的心理
确认偏误
啊？不私了，对方就要报警？
恐慌
拿出50万日元就接受调解，明白了吗?!

小知识

[1] 正常化偏误是指当灾难已经发生的时候，人们往往意识不到灾难已经发生，还以为一切正常，这样就丧失了脱身的最佳时机，导致自己面临巨大的危险。

[2] 确认偏误是指个人无论合乎事实与否，偏好支持自己的成见、猜想的倾向。

PART 3

让你在职场上无往不利的42个心理学技巧

想要说服别人，数字是一种很方便的工具。如果说“失败的概率大概有两成”的话，对方很有可能头也不回就走了，但如果换成“成功的机会有八成”的话，对方就会觉得“这很有希望啊！”使用数字能够轻易地改变对方的思维框架。例如前年只售出 10 台商品，如果今年已经售出 12 台的话，换个说法就成了“今年销售状况喜人，目前已经超过前年全年销量的 20%”。

47 面试被问及缺点时的巧妙应对方法

要懂得“先抑后扬”

面试时，有的面试官会提出这样的问题：“你有什么缺点？”此时你若是支支吾吾地说“我觉得自己没有什么缺点”，肯定不合适。这样一来，对方会觉得你是一个无法正视自己的人。但若是回答“我没什么常性”或者“我经常以自我为中心”的话，虽然如实回答了对方的问题，但也暴露了自己的致命缺陷，而这些缺点无疑会对工作产生不良影响。这时就要先承认自己有缺点，再强调自己积极改正的态度：“我虽然有急于得出结论的毛病，但我一直在努力尝试用谨慎的态度去处理问题。”如此一来，你就会给对方留下“诚实且勤奋”的印象（系列位置效应效应）。

要点

当面试官指出“你的学习成绩不太好啊！”的时候，你可以回答“诚如您所言，的确成绩不佳。但我经常会思考一些实质性的问题，例如关于如何帮助亚洲发展中国家摆脱贫困”，在回答的后半段加入一些积极的因素。如果对方要是问“那么，要靠什么来摆脱贫困呢？”你就可以给出“首先要提高其初级教育的水准”之类的答案。

写下你的小心思

48 如何让自己志在必得的企划案被上司认可

通过提供数个选项的办法改变对方的决定

这个企划案你志在必得，但你的上司却仍犹豫不决，迟迟不肯拍板，你该如何是好呢？这时你只需再准备一份备用企划案，然后让上司选择："方案A和方案B，哪一个更好呢？"如此一来，对方需要考虑的就不是"认可"和"不认可"的问题，而变成"从两个企划案当中任选其一"的问题了。

提供选项让对方进行选择，其前提条件已经变成了"选择"，这对于即将做出"认可"或"不认可"决定的上司来说，其做出决定的前提条件已经发生了变化。我们称其为"错误前提暗示"。

要点

有的人跟同事一起出去吃午饭时，总是会有些小心机，如问对方："你喜欢吃烤肉还是回转寿司？"而对方则会做出"我喜欢烤肉"之类的回答。其实除了这两个选项，其他选项就自然被排除在外了。

写下你的小心思

49 让自己在谈判中无往不利的心理技巧①

只要掌握4个诀窍，就能取得优势

要想在谈判中取得优势，就一定要牢记以下4点：

第一，谈判要在主场而非客场进行。因为如果在自己不熟悉的环境当中，一旦让对方抢得先机，就难以做到从容不迫，很容易使自己情绪紧张。但如果是在主场的话，自己就会安心多了。

第二，要事先提出一定的条件。因为这个条件就是锚定，有了锚定才能够在此基础上进行交易（锚定效应[1]）。

第三，不能亮出自己的底牌，即自己所能接受的最低条件及最后期限，因为这样做会让对方找到自己的弱点。

第四，一定要向对方展示一个未来的美好蓝图，让对方知道这次谈判对双方来说是双赢的结果。

要点

“我们只有5%的利润，这未免有点太少了。”面对对方的疑虑，我们可以放眼将来：

"虽说现在只有5%，但一两年之后，数量将会大幅提升，即便只有5%，也将是一个非常巨大的数字。"如此一来，对方会认为这是一次前景光明的交易。

写下你的小心思

50　让自己在谈判中无往不利的心理技巧②

先拒绝，再以"下不为例"答应对方，便能博得对方的好感

协商或谈判时，与其一帆风顺，倒不如多些"坎坷"，因为这样会让对方更加期待与你达成协议。如果一味向对方妥协，那么下次交涉时，对方就会对你的情况了如指掌，所以在交涉时，要先以"这件事可有点难办……"等托词拒绝对方，然后再以"但是下不为例啊"

或“某人的话，自然要特事特办喽”等为由答应对方的要求，这样做更能博得对方的好感。

写下你的小心思

51 让自己在谈判中无往不利的心理技巧③

最后关头仍有交涉的余地，“当场翻盘”的技巧

不动产交易时，房地产中介往往会在最后时刻使出“杀手锏”。进入签署合同的关键阶段，他们会向卖家转达买家的意愿：“如果不再降50万日元的话，对方不肯签字。”卖方固然难以压抑胸中的怒火，但一想到那旷日持久的协商劳心劳力，又不由得心生妥协之意。在数千万乃至上亿日元的巨额交易当中，降价50万日元出售也实属无奈。长期以来，卖家为时间成本、劳力以及各项费用（沉没成本）所累，不由得心生怯意，因为如果要重新寻找买家的话，免不了还要大费一番周折，故此才有意妥协（沉没成本效应[2]）。

要点

协和式超音速客机是由英法两国联合研发的。研发过程中虽然遇到了声障及运营费用过高的问题，但由于英法两国投入了大量的研发费

用，不得不继续进行协和客机的研发并将其投入使用。基于上述原因，协和客机投入使用之后不久就退役了。由于此次事件广为人知，所以沉没成本效应又被称为“协和效应”。

写下你的小心思

52 让自己在谈判中无往不利的心理技巧④

根据对方的特点选择合适的语言对其进行引导

协商与谈判的对手可分为两种，一种是目的达成型，一种是问题回避型。前者达成目标的意欲很强，即便出现些许风险和纠纷也无所畏惧，而后者则不愿面对风险和纠纷。如果事先可以确定对方属于前者的话，那么通过一句暗示对方此番谈判定会有所斩获的话语，如“××目标一定会达成”或“这件事一定能成功”，对方就容易与你产生共鸣。

如果对方属于后者的话，那么规避性的语言，比如“这种麻烦完全可以回避”“这个问题肯定会迎刃而解的”等会容易令其安心。即使是同一件事，如何根据情况向对方传达合适的信息至关重要。

要点

如果认真分析对方谈话的内容，很快就会清楚他究竟属于目的达成型还是问题回避型。目的达成型的对手几乎不会使用“担心”“有……之虞”之类的语言。

写下你的小心思

53　让自己在谈判中无往不利的心理技巧⑤

让自己的立场从“请求方”转化为“被请求方”

协商与谈判时，双方的立场本应该是对等的，但往往又在不知不觉间分化成“请求方”与“被请求方”，而“请求方”则在交涉过程中处于弱势。此刻若使自己的立场转化为处于强势地位的“被请求方”的话，就能将主导权握在自己手中。为此，一定要撒一些能够让对方“上钩”的“诱饵”。比如说，做出“特为贵公司提供为期一年的保修服务”的承诺后，对方一定会说：“什么？只有一年而已吗？保修期无论如何也要延长到三年，拜托了！”而你则可以回复对方“一般情况下延长至三年的话，就是有偿服务了”，让自己在交易当中处于优势地位。

要点

优厚的条件会让对方生出“渴望更优厚的条件”的欲望。如此一来，自己的立场就由“请求方”转化成了“被请求方”。对方“上钩”以后，自己就会在谈判中处于优势地位，剩下的就只需讨论具体细节即可。

写下你的小心思

54　让自己在谈判中无往不利的心理技巧⑥

“社会认同原理”会助你轻易说服对方

客观事实非常具有说服力。诸如“七成的大企业都在使用该软件”“10年间受欢迎程度第三”等标语性广告词，给人以一种“人人都在用”的感觉，具有社会认同感，所以非常让人放心。书籍广告中如果使用“销量突破10万本”之类的广告词的话，就会非常引人注目。这就是乐队花车效应。乐队花车是游行队伍的领头车辆，乐队花车效应因此而得名。

55 让自己在谈判中无往不利的心理技巧⑦

具有权威性可使自己处于优势地位

一旦说起“被××机构认可”或“特殊的存在”，人们就会觉得该事物或人物具有权威性，对其产生近乎崇拜的感觉。“这个使用的是美国国家航空航天局研发的宇宙空间科技……”“这是最尖端的脑科学技术的结晶……”“这里用到了荣获诺贝尔化学奖项的××教授的研究成果……”等语句无一不让人感受到权威性。但如果说得过于玄虚、过于夸张的话，反而会让人哑然失笑。细细回味的话，我们每个人应该都有过这样的切身经历。一旦接触到与权威有关的话题，我们就会不自觉地感受到它的神圣和威力。

要点

能够让对方感受到权威性的，不仅只有商品或服务。其实只要把自己取得的相关资格印在名片上，就能起到相同的效果。有时只需插入一句

“我在研究生院对此进行过专门研究……”，就能收到相当不错的效果。

写下你的小心思

56 让自己在谈判中无往不利的心理技巧⑧

"第一位" "优胜" "首屈一指"的效果

如果在蛋糕店的橱窗内放一块“本店销量冠军”的标牌的话，人们的目光就会自然落到这块标牌上。写有“××竞赛冠军！（××部门）”等的牌匾也具有相同的效果，看到这样的牌匾，人们对××部门的关注度顿时大幅提升。即便不是“日本第一”，也不是“世界第一”，只要在自家公司的商品或服务中找出满足地区第一的因素，就能够在谈判中取得巨大的优势。我在一本书籍的广告中发现了“亚马逊销量第一”的广告词，当时就眼前一亮，后来又仔细看了看，这才发现下方用小字标注着“市场营销类”及“×月×日”的字样。原来是有条件限制的“销量第一”啊！

要点

人们总是认为，买了“有人气”及“热销”等被人们广泛认同的商品，就会减少买错的风险，所以非常放心，因此才会出现从众效应。“第一位”“首屈一指”及“优胜”等语言给人的印象就是该商品是最好的，具有非凡的宣传效果。

写下你的小心思

57 让自己在谈判中无往不利的心理技巧⑨

失落感催生获得欲

当人们被告知“很不凑巧，您想要的商品已经售完，但仓库里还有一件，正在等待进货”时，心情总是愉快的。这是因为最初虽然出现了负面信息，但形势突然一转，本应该早已售完的商品再度出现，令人产生一种失而复得的感觉。出现失落感之后，人们得到的欲望往往会更加强烈。当人们听到诸如“虽然很难弄到，但经过一番周折之后，特意为您准备了一件”之类的回答后，就会觉得心理上得到了更大的满足。“这是最后一件了”同样让顾客产生失落感，因此也能与上述说法产生相同的效果。

要点

俗话说“物以稀为贵”，人们无法从随处可见的物品当中感受到其价值所在。当你希望对方认同商品的价值时，就要在言语之间夹杂一些诸如“售罄”“即将售罄”“很难弄到”及“库存不多”之类的词语。

写下你的小心思

58 让自己在谈判中无往不利的心理技巧⑩

借助数字实现“思维重构（reframing）”

想要说服别人，数字是一种很方便的工具。如果说“失败的概率大概有两成”的话，对方很有可能头也不回就走了，但如果换成“成功的机会有八成”，对方就会觉得“这很有希望啊！”使用数字能够轻易地改变对方的思维框架。例如前年只售出10台商品，如果今年已经售出12台的话，换个说法就成了“今年销售状况喜人，目前已经超过前年全年销量的20%”。

59　平息对方怒气的方法①

从一开始就约定"不发火"

有的人一旦预感会对自己不利，就会勃然大怒。他们总是话说到一半就发作："怎么回事？这事很奇怪呀！""等一下，这是怎么回事！？"从不肯冷静下来听人把话说完。当与这种人谈话时，可以先做一些铺垫，借以牵制对方："接下来我们要谈一些重要的事情，但你总是容易动怒，我猜你大概不太想谈这些事情吧？"此时对方一定会做出保证："我知道了，肯定不会发火的，你就说吧。"要是对方中途发火，你还可以再次对其进行牵制："看，又发火了吧？"

要点

当被人指出"不理智"时，当事人肯定会感到无地自容，甚至会感到愤怒，情绪失控。因此，我们可以事先与对方约定不可以发怒，将其怒气"封印"起来，中途对方一旦发火，就可以中断谈话："看，你又发火了！我不说了！"由于事先做过约定，对方也一定会觉得不好意思：“抱歉，你继续说吧。”

写下你的小心思

60 平息对方怒气的方法②

先任由对方想象事态的严重性，再汇报自己的失误

当你觉得向上司汇报自己的失误，对方有可能发火时，可以分成两个阶段进行汇报。首先，你可以做出一副沮丧的表情说："××课长，我这次的失误挺严重，稍后向您汇报详细情况"，然后找借口暂时逃离现场。这时你的上司就会将事态想象得极为严重，如"莫不是客户取消交易了吧……"过一段时间以后，你再如实汇报自己的失误："由于我订货时出现失误，使得对方收到零件的时间有所延误，给对方带来了很大的困扰"，听到这里，你的上司的表情立刻缓和下来，说："啊，就这么点事啊！"根本就没有发火。

要点

其实最重要的在于汇报重大失误时的态度要端正。人们在听到失误或失败的消息时，总是会首先往坏的方面去想，也许在上司看来只不过是小问题，而下属却将其当作重大失误来汇报。无

论是对事态严峻程度的估计是否有误，我们都需要端正态度，这样才能更好地与对方进行交流，避免出现争吵。

写下你的小心思

61　平息对方怒气的方法③

他人遭遇不幸时，同情心就会油然而生

人们之所以会愤怒，是因为他们觉察到当前的情况异乎寻常。这种情况使人烦躁不安。愤怒的根源来自人的生存本能，当自身安全受到威胁时，为了掩饰自己的恐惧，人们选择了愤怒。如果一开始就将自己的不幸告诉对方的话，就能够有效化解对方的愤怒。例如，“实在抱歉，昨天家里被小偷光顾，房间里一片狼藉，警察也过来了，简直糟糕透了。因此才忘了今天要跟您见面，再次向您致以诚挚的歉意”。如此一来，对方非但不会责怪你，反而会对你表示同情。

要点

当人们得知对方身上发生了悲伤的事情或是不幸时，同情心会油然而生，同时也会对对方的失败和过失表现出应有的谅解。这是因为对方的不幸会让人产生这样一种错觉，觉得对方已经因为自己的过失而受到了应有的惩罚。

62 平息对方怒气的方法④

应道歉后再说明问题的原因在于不可抗力

“都怪地铁晚点，害得我迟到”，很多人迟到时都喜欢以此为借口。他们一开口就强调是“不可抗力”的原因，错不在自己。这样的做法会让人觉得他们态度傲慢，从而令人感到不快。这时应该先道歉，“实在抱歉，让您久等了！”然后再详细解释具体原因，“今天提前30分钟出门，由于出现了人身事故，地铁的运行受到了影响，所以才……”以谋求对方的谅解。

63 平息对方怒气的方法⑤

过于直白会让你信誉扫地的风险大增

有的人上班迟到的时候总会实话实说："对不起，我睡过头了。"在你的上司还没有忘掉这件事之前，你又提醒对方这件事，上司难免会发火。因为你自我管理不善，也会让人觉得你作为一个成年人实在是不及格。因此"睡过头了"这样的理由哪怕只是使用一次，对你来说恐怕都是致命的。总是迟到的习惯固然要改，但也一定要想出一个好办法——万一迟到了也不会惹人生气的办法。快要迟到的时候，一定要事先通过电话告诉对方，理由最好是"身体状况欠佳"等不可抗的因素。如果比预想时间提前到达公司的话，那么这种令人难堪的状况就会提前结束，对方也不会因此对你有所看法。

要点

快要迟到的时候，如果只是轻描淡写地说"大概迟到5分钟"，结果却迟到15分钟的话，其导致的负面影响约等于连续迟到2次。到了约定的时间，让对方等待的时间越长，就会令对方越发感到不快。

写下你的小心思

64 平息对方怒气的方法⑥

要积极使用感谢性的语言，让对方被认可的欲望得到满足

面对对方的怒火，即便百般道歉，如“实在抱歉”“让您生气是我不对”“今后我会格外注意的，请您原谅”“我真的知道自己错了”，也仍有可能无法平息对方的怒火，尤其是在对方感到自己受了侮辱的情况下，就更是如此。当唯唯诺诺的道歉效果欠佳时，加入一些感谢性的语言，就会收到令人意想不到的效果，例如“多谢您的训斥与教诲”等。感谢性的语言能够激起人的自尊心。向对方表达谢意之后，对方也就没有理由再继续发怒了。

要点

在第6节中我们已经介绍过，当对方提醒自己注意时，一句“多谢您的提醒”就能满足对方被认可的欲望，从而平息对方胸中的怒气。愤怒的实质就是扎根于人们潜意识当中的恐惧，感谢的

语言具有能够让对方安心、化解对方心中的恐惧的功效。

写下你的小心思

65　如何才能让对方答应自己的要求①

人们总是会想要唾手可得的东西

诱人的条件摆在眼前的话，人们总是会欣然接受销售人员的提议。所以，销售人员想要达成目标，首先就要以优厚的条件去吸引对方。如果一家饮食店前面立着一块写有“酒水及饮料全部1杯100日元”的牌子，自然会吸引很多顾客。但客人们进到店里一看，发现菜品的价格比较高，却也无可奈何。这是因为人们总是会去接那些比较容易接住的球，我们称其为低球技术[7]。

66 如何才能让对方答应自己的要求②

采取“多次少量”的方式，让对方难以拒绝

如果请对方帮忙，说：“帮我复印20张，可以吗？”对方一定会爽快答应的。等复印完之后再请求对方，说：“不好意思，能再帮我把这些都折成三折吗？”对方也一定不会拒绝。等对方折好以后，再让对方帮忙装进信封，对方肯定也会答应。最后，让对方帮忙贴好邮票和地址贴纸后，对方就帮你完成了所有的工作。一旦答应别人看似微不足道的请求，就会一发不可收拾，再也无法拒绝对方的要求，这就是“一致性原则”。有时候即便下一次的请求比前一次繁重，人们通常也不会拒绝（登门槛效应[8]）。

要点

难以拒绝对方的小小请求的原因在于，拒绝会使人产生压力。但只要应承下来以后，人们会在无意识间维持其一贯性，为此，即便下一次的请求较上一次繁重，也仍然会答应下来。同样，如果一开始就开口拒绝的话，便会一直拒绝下去。

67　如何才能让对方答应自己的要求③

超出一定限度的要求容易被拒绝

如果你对你的同事说："能在下次发工资之前借给我10万日元吗？"你的同事一定会拒绝你，说："10万日元？我也没那么多钱啊。"如果你做出一副垂头丧气的样子说："是吗？真是难办啊……"继续和同事交涉，说："3万日元也行，能借给我吗？"同事或许就会答应你的要求："3万日元啊，那我帮你想想办法吧。"其实如果一开始就开口借3万日元的话，也有可能被一口拒绝，但要是先做个"假动作"，提出借10万日元的要求，遭到拒绝后表现出垂头丧气，那么对方就很有可能答应借给你3万日元。利用对方拒绝你产生的愧疚感，再在金额方面做出让步，你的同事肯定也会做出让步（以退为进法[9]）。

要点

如果对方最初让步，但自己并没有让步，会容易产生愧疚的心理，于是就会答应对方的第二个请求，这在心理学上被称为互惠性效应（norm of reciprocity）。好比我们接受了别人的礼物以后，会觉得获得了对方的好处，应该回报对方一样。

写下你的小心思

68 潜移默化的驭人之术

被贴上好的标签自然会不断进取

“工作效率很高嘛！”当你被上司表扬时，心里自然高兴。在不知不觉间，这种被表扬的快感会让你的手脚更加利落，工作也愈发得心应手。被表扬后，你早上跟他人打招呼时也会变得更加热情。

当被贴上好的标签时，我们就会产生向上的动力（标签效应）。当你表扬新婚妻子说：“你做的菜可真香啊！”那么她会因为你的鼓励与肯定愈加钻研厨艺。相反，如果一直被人用“你可真是迟钝！”“你这个蠢货！”之类的语言贬低、斥责的话，那么这个人肯定会变得越发消极[戈莱姆效应[10]（Golem effect）]。

要点

标签效应是由美国社会学家霍华德·S.贝克（Howard S. Becker）提出来的，指给予被贴上标签的人以相应的心理暗示。

与此相类似的还有一种能够催人奋进的教

育理论，即某个学生被赋予的期望越高，他的成就就会越大。我们称其为皮格马利翁效应（Pygmalion effect）。

写下你的小心思

69　跟无缘无故讨厌自己的人和睦相处的诀窍

利用对方的认知失调来改善彼此的关系

如果有一个人无缘无故地讨厌自己，这会让人心神不宁。人们在讨厌一个人的时候，总是会用轻蔑、嫉妒、违背、轻视、否定、含沙射影以及差别对待等方式让对方感到不快。对自己抱有上述态度的人，你要做的就是请对方帮自己一个小忙。对方对你是如此讨厌，以至于都懒得拒绝你这个小小的要求。这样你就有机会以“可以帮我看一下这份资料吗？”等为借口去搭讪对方。如果对方喜欢猫的话，还可以用“你知道怎么做才对猫的健康有利吗？”这样的问题来发起对话，等对方做出相应的答复后，你做出一副大喜过望的样子，然后郑重其事地对其表示感谢。自此以后，你们之间的关系一定会一天好过一天。

要点

对于讨厌你的人，哪怕你对他再好，他都会将其当作讨厌你的理由，这就是所谓的认知失调。

因为这样让彼此都非常不愉快，所以你有必要将对方的认知失调的状况调整过来。如果你郑重其事地向讨厌自己的人表达谢意的话，那么对方的认知就会有所改观，会觉得你其实还不错。

写下你的小心思

70　跟不太熟悉的人拉近距离的诀窍①

频繁见面自然就会觉得亲近

如果中途给对方留下不好的印象的话，可能会适得其反。

当我们想要拉近与不太熟悉的人的距离时，最好的做法就是频繁与其接触。遛狗的人和遛狗的人肯定会经常见面，遇见以后互相点头致意，顺便聊上几句，再互相交换关于狗的信息，自然就会慢慢熟络起来。这就是纯粹接触效应（mere exposure effect）。比如说，我们接触到经常出现在电视广告上的商品时，就会有一种亲切的感觉。即便是长期不接触的人或物，只要在短时间内频繁接触，就会令我们倍感亲切。

写下你的小心思

71　跟不太熟悉的人拉近距离的诀窍②

找到共同之处会让两个人之间的距离更近一步

近年来，随着社交网络的普及，查看他人信息也变得越来越容易。诸如家乡、毕业学校、兴趣爱好等信息很容易就能查到。只要知道对方的情况，想要拉近彼此之间的距离很容易。“你是大阪的吧，我老家也在关西，我是兵库县神户市的。”其实只要彼此家乡相距不远的话，对方就很有可能因此对你产生亲近感。或许在谈话间无意说起“你上高中的时候参加了棒球俱乐部吗？我也是！”的话题，两个人可能就会谈兴大起。无论是家乡、学校、兴趣爱好、喜欢吃什么，还是喜欢看什么电视节目等，两个人之间的共同之处越多，就越容易增进两个人之间的感情（相似原理）。

要点

不光是喜欢的东西，讨厌的东西要是跟对方一样的话，同样能增进彼此的感情。只要是两者之间的共同属性，任何事其实都可以。比如说，都是跳槽来到这家公司、都离过一次婚、公司离家都比较远，或同样都对工作满腹牢骚等，即便共同属性具有消极的色彩，也都能让彼此之间产生惺惺相惜的感觉。

写下你的小心思

72 跟不太熟悉的人拉近距离的诀窍③

“截然相反”的互补性也能增进彼此的感情

有一种理论叫作“互补原理”。有的人精通电脑，而有的人却对电脑一窍不通。这两种人的特征虽然截然相反，但由于他们之间具有“互补性”，因而也可以建立起亲密的关系。

跟上司关系不太好的人，如果可以找到上司的弱点，然后针对此弱点对其进行辅佐的话，与上司的关系就会得到改善。

恋人之间也是如此。如果男性相貌丑陋但较富有，而女性虽貌美，经济上却颇为困顿的话，那么这两个人之间的关系则能够维持得相对稳定。经济能力对人际关系影响较大，上述二人的关系之所以比较稳定，是他们各方面条件相互协调的结果。

要点

善辩的人和不善辩的人，大胆的人和细心的人，运动神经发达的人和运动神经不发达的人，其中有很多人在“互补原理”的作用下保持着良好的关系。我们要善于发现他人的强项与弱项，让“互补原理”发挥其应有的作用。

写下你的小心思

73 跟不太熟悉的人拉近距离的诀窍④

使用社交软件、社交网站拉近与对方的距离

对于对自己表现出关心或有兴趣的人，我们总是会对其心怀好感。因为这会让我们的自尊心及被认可的欲望得到满足。近年来，我们可以轻易通过社交软件及社交网站一窥其他人生活的片段。如果想亲近某个人的话，你可以为其点赞或在其推特上留言。如果对方能够感受到你的存在的话，你就可以把他添加为联系人，至于结果如何，就耐心等待吧。

74 跟不太熟悉的人拉近距离的诀窍⑤

以请教其擅长的问题为由接近对方

当他人向自己提出“请教”或“商量”要求时，人们总是很乐于接受，这是因为其自尊心得到了满足。别人找自己商量问题时，人们往往会产生一种仿佛自己就是这一领域的专家的满足感。如果你想跟一个人拉近距离的话，就可以针对对方喜欢或是擅长的领域，提一些问题找对方商量一下。人们每每说到自己喜欢或是擅长的话题，话就会变得多起来。如果此刻你能够向对方展示一个真实的自我，道出自己的真实情况，那么根据互惠性原理，对方也一定会耐心地解答你想要咨询的问题。你要针对对方喜欢或是擅长的领域有的放矢。

要点

向对方请教其喜欢或是擅长领域的问题的做法，对讨厌自己的人也同样奏效。认真倾听对方的回答，再郑重其事地向对方表示感谢，对方对你的态度就会逐渐转变，你在他心目中的印象就会从以前的“讨厌的家伙”变成“这家伙还不赖”。

写下你的小心思

75 提出“无理要求”时，以“高水准”刺激对方

当人们对某一领域充满自信时，在该领域上对他给予赞扬或是贬低都能够转化成为动力

人都有自尊心，尤其在自己喜欢或是擅长的事情上面自尊心更强。如果对方是这样一种状态，同时我们又希望对方能够帮自己解决眼前的问题，最好是以较高的水准去要求对方，例如：“虽说你英语的水平非常高，但在本周内翻译完这个文件，恐怕也有点困难吧？”这句话中既有赞扬的成分，又带有刺激对方产生逆反心理的意思。这样一来，对方一定会不服气，说：“怎么会呢？我来试试看吧。”此外，还有诸如“你的营业业绩在公司里虽然首屈一指，但是要想拿到大财团S公司的订单恐怕也有点勉强吧？”之类的问句也能够让人斗志昂扬。

要点

如果对孩子说“你挺聪明，虽然数学成绩不错，但我觉得你语文肯定考不了80分以上”，这

可能会激起孩子的胜负心，在学习上更加刻苦努力。如果你用“虽然你是海量，但一口干了这杯茅台对你来说肯定有点困难吧？”来刺激自诩酒量海量的下属的话，说不定就能把他灌醉。

写下你的小心思

76　在会议上掌握主动权的方法①

以纵观全局的态度去参与会议，便可凸显自己的存在感

在主持会议的时候，如果与会人员都是比自己年长或比自己职位高的人，我们就会紧张，从而无法掌控会议的主动权。有人在下面窃窃私语时，可以用点名的方式来牵制对方："××好像有什么好的建议，请您说一说吧。"如果有人的发言与会议无关，可以站在纵观全局的角度上对其进行提醒："您的发言似乎与本次会议无关吧？"再扫视全员，这样就可以让自己更有存在感。此外，如果自己并非会议主持人，也可以在别人发言后插上一两句诸如"这主意真不错！""真是个有趣的建议！"之类的短评，同样也能达到增加存在感的目的。

要点

如果在会议上一言不发，人们肯定会认为你态度消极、没有干劲。开会时人员聚集，所以，在会议上凸显自己的存在感，会对提升自己的口

碑有很大帮助。如果你没能提出建设性建议的话，态度就要表现得更加积极一点。

写下你的小心思

77 在会议上掌握主动权的方法②

根据斯汀泽现象进行布局

美国心理学家斯汀泽曾针对出席会议的与会人员心理状态进行研究。开会时坐在你对面的，往往是曾经跟你互相对立或是跟你持相反意见的人；坐在你斜前方或是身边的人，则极有可能成为你的盟友。此外，还要弄清楚谁喜欢在别人发言后出言反对。而且，如果主持会议的人较为弱势，对面而坐的两个人就可能会经常窃窃私语。如果想要让自己的意见在会议上被采纳，就要提前10分钟做好充分准备，让跟自己持相同意见的人坐在自己的对面，自己的发言结束后，请其出面表示赞同自己的意见。

要点

在开会前，事先做好准备，就能大致了解别人对自己的意见究竟是赞同、反对，还是持怀疑的态度。要尽量说服更多的人支持自己。另外，掌握每个人所坐的位置和让与自己持相同意见的人在自己发言后表态支持，这两点都非常重要。

78 如何管理牢骚满腹的部下

要让他明白所有人的条件都是一样的

有些下属简直就像是被惯坏的孩子，一天到晚让人不得安生。对于这些人，作为领导的我们有时候真想大吼一声：“不要总是发牢骚！”“你给我闭嘴！”但要是被人说“使用职场暴力”或是“独断专行，不听下属心声”的话，就麻烦大了。此时最好的办法就是以“我也一样”之类的话表达自己的共鸣，再让他真正明白“大家都是如此”。这才是管理这类下属最好的办法。

79　如何汇报才能提升对方对自己工作的评价

上司对自己的看法是在不经意间形成的，这种看法是可操作的

当你完成上司交给你的工作后，是不是只平平淡淡地说一句“这就算是完成了”或“大致就这样了”就算交差了呢？如果是这样的话，你的工作质量将难以得到肯定的评价，也很容易让对方认为你对待工作的态度是敷衍了事。提交当前工作任务的时候，应该加上一句“图表有两种，同时在细目索引上也下了一番功夫”及“同时还加入了时间序列的比较”等说明性语言。经过这一番提示，你的上司就会注意到你是下了一番功夫的，从而使你工作的附加价值大为提升。你的上司在检验你的工作成果时，对你的印象也将大幅提升（启动效应[11]）。

要点

受先行信息（铺垫）的影响，人们在做出判断时会更加积极或消极。人们在观看赛车比赛的视频

后，很容易开快车，而观看了交通事故的视频后，开车的时候则会更加慎重（诱因理论[12]）。

写下你的小心思

80　提高自己优先等级的方法

事先花点功夫给对方写留言就会收到很好的效果

当你向财务负责人提交报销单及各类报销凭证时，你的报销单就会跟其他人的一起被放进文件当中。如此一来，你的报销单的处理优先等级就跟其他人的一样了。这时你可以附上一页便条纸，写上“总是处理得那么快捷，非常感谢”之类的留言。这样一来，对方就会对你有好的印象，优先处理你的报销单。向上司提交文件时也是如此，如果肯下点功夫附上一句留言的话，对方对你的工作进行评价时就会高看一眼。

要点

其实不仅仅是留言条，给对方发短信的时候也是如此。相信大多数人发的短信都是这样的：“总给您添麻烦，实在不好意思，关于那件事……”如果能加入感谢的语言，对方对你的印象可能就会大幅提升，如“感谢您一直以来的照顾与教诲……”

81　断其退路，使对方回心转意①

用语言对其进行“绑架”，让对方无处可逃

锁定目标　赞赏有加　断其退路

有的人拒绝他人时会示以明确的原因，如“太忙了，没时间！”“没有钱，去不成啊！”他们之所以会给出明确的原因，是因为他们决心已定。这时候就要对其实施“绑架”，断其退路，从而使其回心转意。例如告诉他，他是无可替代的，“这件事非你莫属”“全靠你了”“我实在找不到其他人了”。

82 断其退路，使对方回心转意②

动摇对方认知的重构效应

如果抛出一些非常识性的见解，例如“学校并非学习的场所”，你的受关注程度肯定会骤然提升。因为听到这样的言论，人们的脑海中肯定会浮现出一个大大的问号。“学校是锻炼学生思维能力的地方”，听到这句话的时候，人们会觉得这句话的确有道理。听到一些非常规观点之后，人们的认知就会出现问题，出现“认知不协调”的状况，从而想早一点知道结论，使自己的认知状态重归协调。如果对方以“太忙了，没时间！”“没有钱，去不成啊！”等为由拒绝你的话，你就可以通过一些话语先使其认知状态出现不协调，例如：“其实这样也不错嘛！”趁对方茫然之际，你再以“繁忙也是宝贵的财富啊！”“没钱的话，就更要以人为本了”等妙语使其认同你的观点，这样一来，他回心转意的可能性就会大增。

要点

人们对事物的认知出现问题的话，其立场必

然也会出现问题。因此，即使人们一直对于某一事物持否定态度，也极有可能一改以往的观点，转而对其持肯定的态度。人们可能会意识到“或许对方说得有理”，产生“或许应该答应对方”的错觉。

写下你的小心思

83 不要试图纠正上司的错误

永远不要试图表现得比上司更聪明，这是原则性问题（其一）

上司在其发言中提及“因为纽约是美国的首都……”的时候，有的人喜欢插言更正：“美国的首都是华盛顿”，这种做法是极其错误的。如果你的上司错将“situation”说成“sutiation”，如果你出言纠正并冷嘲热讽的话，就更加容易招惹麻烦了。这样做不仅会伤害上司的自尊心，而且下次一旦出现什么令人难堪情况，他就会无意识地将其和你的面容联系在一起。上司大多数无法接受自己的能力不如部下。所以，有时候，下属还是应该睁一只眼闭一只眼。

要点

“你知道什么是FinTech吗？”面对上司的提问，你有意炫耀，答道：“是financial technology，金融科技的缩略语啊，怎么了？”但这种回答有时候可能并不是最佳答案，因为或许上司问你的目的，就是想要给你讲解这个词。因此，先判断上司提问的用意，再给予回应才能避免尴尬。

写下你的小心思

84　不要试图反驳上司

永远不要试图表现得比上司更聪明，这是原则性问题（其二）

“今后禁止一切讨价还价的行为，对于对方讨价还价的行为也要坚决拒绝！”上司命令道。“但这样一来，对方要是取消订单，该怎么办？”部下反驳道。“这个到时候再说！”上司不负责任地搪塞道。而部下则继续追问：“这有些不妥吧？”这位部下的这种做法着实欠妥当，此时这位部下应该先表示服从，再诱导对方主动说出原因，如“我明白了，今后的交易中禁止讨价还价。但我还有个问题想要向您请教……”如此一来，这位随口胡言的上司就不至于颜面尽失了。

要点

最好不要让你的上司觉得你在刻意反驳他。上司往往喜欢发号施令，有时候甚至未经深思熟虑决定就已经脱口而出。此时下属要尽量避免使用“不”“可是”“但是”等词语，首先要做的，就是暂时应承下来。

写下你的小心思

85 如何管理不找自己“商量”的部下

对于有能力的下属，上司要不耻下问

“报告”“联络”“商量”是上司与下属之间保持沟通顺畅的纽带。但也有些不太把上司放在心上的下属，不太想与上司进行沟通。这些人通常都是些精明强干、不愿意听上司多余指示的下属。下属不愿意与上司进行沟通，究竟该如何是好呢？为了激起下属的工作热情，上司可以选择不耻下问，对其进行合理的引导，比如说：“你工作可真够努力的呀！下次搞创意的时候教教我，怎么样？”或是“教教我你的营业窍门，我打算在明天的早会上普及一下”。这些话语都能够让下属的态度发生转变。

要点

通常，不愿与上司进行沟通的员工大多数都是精明强干、喜欢自行其是的人（内源性动机）。上司下达多余的指示（外源性动机）只会降低他们的工作意欲（破坏效应[13]）。就像喜欢学习的孩子，家长不用主动干预，他自己也能学得很好一样。

写下你的小心思

86 养成跟上司及客户交谈时做记录的习惯

对方认真倾听的话，自己自然就会想要多说一些

在与上司或客户交谈的过程中，总有些人会缓缓地取出记事本进行记录，那么这些人会给对方留下什么样的印象呢？当然是态度诚恳、认真倾听的印象了。这也就是说，你在听别人说话时，只要拿出记事本，认真的态度就已经展露无遗了。如此一来，说话一方自然也会知无不言、言无不尽。

87 促使优柔寡断的人痛下决心的方法

刺激其趋同心理

有些人总是过于谨慎。他们通常通情达理，但在该下决心的时候总是犹豫不决，更不必说付诸行动了。如果团队当中出现这样的人，的确会让人异常烦恼。他们搞不清身边的状况，即便只剩下自己一个人也仍然泰然自若。针对这类缺乏趋同心理的人，团队负责人就要尽早提醒他：“大家都已经完成了，只剩下你一个人还没提交了。”

要点

一般情况下，只要有人通知“大家都过来集合了”，我们就会忙不迭地赶过去，唯恐落于人后。但这世上往往有些人偏偏缺乏这种趋同心理。我们细心观察就会发现，这类人通常对流行趋势也不甚敏感。

88 “闲谈”影响着商务谈判的成功与否

事先要通过社交软件等手段了解对方的情况

商务谈判是否进展顺利，往往取决于谈判双方在“闲谈”中能否拉近彼此心理上的距离。当对话生硬而又疏远时，往往很难谈及事物的核心部分，双方也很难达成一致。善于闲谈的人，很快就会让人放松警惕、敞开心扉，因此能够在短时间内就取得喜人的谈判成果。我们可以事先通过社交软件获取对方的个人信息，也可以从之前的负责人那里打听对方的一些情况。这样一来，就可以针对对方喜欢或是比较关心的话题展开会话，也就比较容易在谈话中拉近关系。

要点

在与对方进行闲谈时，有的问题可以根据情况随意答复，而有些问题的答案却只有“是”或“不是”。只能回答“是”或“不是”的问题，很容易让人感觉到自己是在接受审讯，谈话过程中一定要注意不能提太多这类问题。

聚焦3 危机四伏的附加价值①

商品的高价格是由消费者的“共同幻想”支撑起来的

所谓附加价值，简单来说，指的就是企业添加在原材料上的那部分价值。用商品举例说明的话，就是“附加价值=商品售价-原材料费用”。附加价值包括利润、人工费用、广告宣传费用、固定资产折旧、厂房租金及贷款等多项内容。

商品的附加价值越高，其生产率也一定会越高，但对于消费者而言，却绝非附加值越高，性价比就越高。这是因为消费者所花费的费用远超商品品质。

比如说，化妆品的原料极其廉价，这是业界人所共知的秘密。基础化妆品的原料基本上就是水和油。在水和油的基础上，除了加入合成表面活性剂以外，还包括色素、香料、防腐剂等成分，特殊成分所占比率简直微乎其微。其中，价格较高的玻尿酸每克单价仅为50日元左右（一般美容整形医院玻尿酸的售价为每克3万~5万日元不等），仅1克的玻尿酸就具有保水4升的效果，化妆品中只需添加0.1克玻尿酸，就能达到非常理想的保湿效果，而其原材料成本也仅为5日元而已。另外，化妆水的成本为1~2日元，乳液的成本约为2~3日元，面霜的成本也仅为10日元。美容类化妆品的成本同样低廉，口红约为5~10 日元，粉底则为20~30日元。其实较之化妆品本身，其容器或是包装的成本会更多一些，大致上约为20~100日元。因为外包装能够吸引消费者的注意力，所以其包装必然要精美。

但这些商品的业界标准零售价多为两三千日元，有的甚至配以更加奢华的容器或包装，以1万~3万日元的零售价进行销售。即便如此，化妆品类的销量仍然惊人，着实令人觉得有些不可思议。之所以如此，是因为化妆品是一种让人展开对美的追求的商品，因此人们觉得越贵效果就会越明显，在心理学上我们称为韦伯伦效应。当然，化妆品毕竟并非药品，几乎不具备医学效果，所以，化妆品的成功其实只是其广告激发了消费者的“共同幻想”的缘故罢了。

这个令人垂涎欲滴的行业，由于其他行业资金的加入，使得化妆品行业越发波澜壮阔，其市场份额高达25000亿日元。虽说包括中小微企业在内，其生产、销售厂家多达1000多家，但其市场份额的七成都被头部企业所垄断。

追梦的消费者们非常愿意为此付出高昂的代价。

小知识

[1] 锚定效应（anchoring effect），指的是人们在对某人某事做出判断时，易受第一印象或第一信息支配，就像沉入海底的锚一样把人们的思想固定在某处。

[2] 沉没成本效应（sunk cost effects），是指为了避免损失带来的负面情绪而沉溺于过去的付出中，选择非理性的行为方式。

[3] 乐队花车效应（bandwagon effect），也称从众效应，是指当个体受到群体的影响（引导或施加的压力），会怀疑并改变自己的观点、判断和行为，朝着与群体大多数人一致的方向变化。

[4] 虚荣效应（snob effect），是指拥有只有某些人才能享用的或独一无二的商品的欲望。拥有某种虚荣商品的人越少，该商品的需求量就越大。

[5] 凡勃伦效应（Veblen effect），是指消费者对一种商品需求的程度因其标价较高而不是较低而增加。

[6] 劣势者效应（underdog effect），即人们给予竞争中处于劣势的一方更多支持的效应，这种效应普遍存在与政治选举、体育比赛、消费者行为等各个方面。

[7] 低球技术（low-balling technique）是从推销术中发展起来的社会心理技术，是一种依从诱导策略。具体做法是，先提出一个小的要求，别人接受这个小的要求后随即提出

一个较大的要求，这要比直接提出较大要求更易于为人们所接受。

[8] 登门槛效应（foot in the door effect），又称得寸进尺效应，是指一个人一旦接受了他人的一个微不足道的要求，为了避免认知上的不协调，或想给他人以前后一致的印象，就有可能接受更大的要求。

[9] 以退为进法（door-in-the-facetechnique），指劝说者通过提出一个会被拒绝的离谱要求来让被劝说者同意第二个较为合理的请求，较之单独提出“合理的请求”更容易被接受。

[10] 戈莱姆效应（Golem effect），即负面暗示会带来负面表现。

[11] 启动效应（priming effect）是指由于之前受某一刺激的影响而使得之后对同一刺激的知觉和加工变得容易的心理现象。

[12] 诱因理论（incentive theory），20世纪50年代以后，许多心理学家认为，不能用驱力降低的动机理论来解释所有的行为，外部刺激(诱因)在唤起行为时也起到重要的作用，应该用刺激和有机体特定的生理状态之间的相互作用来说明动机。

[13] 破坏效应（undermining effect），是指如果一个人鼓励某人去做他们已经喜欢做的事情，就会破坏他们做这件事的初衷。

PART 4

控制自己和对方情绪的 24 招妙计

在 19 世纪后半叶的古典心理学理论当中，有一种名为詹姆斯 - 朗格情绪论（情绪末梢起源论）的理论，曾经轰动一时。其大意为人并不是因为愉快才欢笑，而是因为笑，所以才会变得快乐。我们试着将嘴角上扬，做出笑的表情时，的确能够感受到一种欢快的情绪。虽然我们尚不知道其具体原因，但只要知道笑容会让我们的愤怒消失得无影无踪，这就足够了。

89　怒气上冲时的应对措施①

抑制交感神经的活动，让副交感神经发挥作用

就像我们在第3节中所介绍的那样，人之所以会愤怒，是因为他们觉察到当前的情况异乎寻常，感觉受到了威胁。这与动物遭遇天敌时，面临逃跑或战斗的选择一样。潜意识（本能）感受到恐惧时，就会出现全身肌肉紧张、心跳和呼吸加速等现象，这就是愤怒。因为极度兴奋，我们的交感神经也随之变得活跃起来。但为了抑制自己愤怒的情绪，我们应该让副交感神经发挥作用，以便使自己恢复到放松时的状态。这时做节奏舒缓的深呼吸、放松全身肌肉及眯起眼睛等动作颇为有效。

要点

迅速使自己从愤怒的状态中恢复过来的最好办法是通过深呼吸及放松全身肌肉的办法，使大脑误以为我们正处于放松的状态。接下来有意识地告诉自己的大脑要冷静，然后开始数数或是眯起眼睛，并将自己的视线从目标上移开，或是考

虑一些其他事情，通过此类方法来化解自己的愤怒情绪。

写下你的小心思

90 怒气上冲时的应对措施②

不应像对方一样剑拔弩张

我们可能会突然遭遇对方的挑衅，例如：“你这个人到底怎么回事？”“你竟敢戏弄我！”面对对方气势汹汹的样子，我们也难免会气血上涌，同样气势逼人，说：“怎么了！你那是什么态度？”这种做法简直是大错特错。跟对方针锋相对的话，只会让事情变得越来越糟。但一味退让也不是办法，那只会让对方的气焰愈发嚣张。此刻最应该做的就是不卑不亢，沉着应对，告诉对方：“请保持冷静，有话好好说。”

要点

面对对方的怒火，我们要不卑不亢，不能丧失自己的主见。要让自己看起来既不具备攻击性，又不唯唯诺诺，将自己的想法如实传达给对方。这种技巧只要勤加练习，每个人都能掌握。

91　怒气上冲时的应对措施③

“强颜欢笑”，让对方怒气尽消

在19世纪后半叶的古典心理学理论当中，有一种名为詹姆斯–朗格情绪论（情绪末梢起源论）的理论，曾经轰动一时。其大致内容就是人并不是因为愉快才欢笑，而是因为笑，所以才会变得快乐。我们试着将嘴角上扬，做出笑的表情时，的确能够感受到一种欢快的情绪。虽然我们尚不知道其具体原因，但只要知道笑容会让我们的愤怒消失得无影无踪，这就足够了。

92 怒气上冲时的应对措施④

让后设认知（metacognition）成为一种习惯，不失为一种化解怒气的良方

当怒气上冲时，人的身体处于兴奋状态，这令人十分不快。长期处于精神紧张的状态，可谓有百害而无一利。俗话说“害人必害己”，同样，憎恨他人的同时，这种情绪也会让我们自己受到伤害。

我们可以通过“后设认知”的手段来化解自己的怒气。后设认知中“meta”的原意为“高层次的”意思。站在客观的角度去认识自己，我们就会发现自己的愤怒是多么微不足道和多么没有价值。愤怒与更加重要的事情相比是那么微不足道，因此，用这种方法来化解愤怒是非常有效的。

要点

所谓后设认知，就是指站在客观的角度对自己的状况进行冷静的分析。客观地分析自己愤怒的原因，从而逐渐化解怒气。相信在对自己的状

况进行一番冷静的分析之后，你会发现愤怒其实毫无意义，只会致使自己做出情绪化、不理智的举动。

写下你的小心思

93 如何制止上司的职场暴力①

不失礼节的"不同步"

在职场上，那些当众辱骂下属"白痴"并让下属抬不起头做人的上司，总是会选择对那些从不反抗的下属实施职场暴力。下属要拼命迎合才能跟上司保持"同步"。但要是一直"同步"下去的话，职场暴力将会永无止境。要想制止上司的职场暴力，下属就不能一味迎合。当下属面对上述职场暴力时，可以反问对方："请问你刚才说的'白痴'是怎么回事？"遭到下属抵抗的上司感受到来自对方的威胁后，一般会停止攻击，即便继续实施攻击，其气势也会大不如前。"欠妥当的言行会给大家造成困扰的"，这样一句魄力十足的"非同步"的话语，一定会产生令人满意的效果。

要点

下属遭遇职场暴力时，越表现得顺从，上司就会越发胡搅蛮缠。这时候就需要一点"不同步"，但要是回一句"你说谁白痴呢？"并摆出一副要吵架的姿态，并则是非常不明智的。下属要在不失礼节的情况下对其进行回击。

写下你的小心思

94　如何制止上司的职场暴力②

万众一心抵制谩骂

上司的谩骂就是其实施职场暴力的证据，所以遇到这种情况的时候，一定要注意录音，以保留证据。其实，即便事件曝光，实施职场暴力的上司也会百般抵赖：“我不是那个意思，我只不过是想激励他一下而已。”如果受害者人数较多的话，可以签署联名状，要求其“停止在工作场所谩骂下属的行为”。如果多人提交联名状进行抗议的话，实施职场暴力的上司就会产生自己被众人孤立的感觉，由此产生危机感，其行为会有所收敛，这也可以说是“万众一心”的力量。

要点

在面对职场暴力时，如果是一对一的场面，肯定是处于优势地位的人获胜，但如果是一对多的话，即便是大权在握的人也会有被威胁的感觉，不得不屈服，以避锋芒。大家团结起来，自然而然就会形成强大的力量，给对方施以骇人的压力。与掌权的人互相对峙时，孤身作战往往胜率不高，只有团结一致才有可能取得胜利。

写下你的小心思

95　学会如何无视那些令人生厌的对手①

将讥讽与嘲笑原样奉还

很多人喜欢讥讽和嘲笑别人，而且这种人几乎无处不在。只有自卑的人才会嘲笑别人，在与别人的交往过程中，他们通过嘲笑对方借以让自己取得优势地位，进而试图消除自己的自卑感。诸如“名牌大学的毕业生连这些都不知道吗？”之类的话，就是为了揶揄那些名牌大学出身的人，而像“哟，那个是铂金包吧？有个有钱的干爹真好！”之类的说法，则一口咬定对方在与“干爹”交往。遇到他人对自己恶语相讥时，我们不要沉默，只需像鹦鹉学舌一般，口中说道“名牌大学？”“干爹？”即可。

要点

你如果反驳的话，就会正中对方的圈套。对方见你出言反驳，就会以一句“你不要误会，我根本就没有那个意思”让你一招击空。但如果只是像自言自语般地叨念嘲讽的核心内容的话，挑起事端的人的心理反而会受到冲击。

96　学会如何无视那些令人生厌的对手②

当心不要被喜欢传闲话的人拉下水，要与之保持距离

当对方跟你说别人的闲话时，你一定要小心。如果无意间表示赞同的话，就很有可能被对方利用，说你也是这样说的。如此一来，自己就也成了喜欢“传闲话”的人。如果有人跟你说别人的坏话，首先要以“啊，你的观察能力真是惊人啊！”“你可真不愧是‘顺风耳’啊！”等回应，再以“对了，你知道××的事吗？”来转移话题，避免自己被拉下水。

97　学会如何无视那些令人生厌的对手③

面对喜欢传闲话的人的“盘查”，要守口如瓶

喜欢传闲话的人，往往喜欢对他人的隐私刨根问底。打听到他人的隐私消息后，到处说给别人听，并且乐此不疲。比如说：“听说你买房子了？真有你的，真让人羡慕！”对方总是一边拍你的马屁，一边跟你套近乎。“没什么的，又不是什么好房子，还是二手的……”你谦虚道。这时对方突然问道：“这套房子到底多少钱啊？分多少年偿还呢？”你要是如实回答的话，就正中了他的下怀。打听到了你买房的详情，他会到处乱说：“二手房他还花了4000万日元，还是贷款买的，他不是被骗了吧？”所以，对这种人绝对不能够以诚相待。

要点

面对喜欢传闲话的人的“盘查”，一定要守口如瓶。你可以假装对他询问的问题不感兴趣：“啊，这没什么！”或反问对方：“是有这回事，怎么了？”这样对方就无法从你这套到话。

98 学会如何无视那些令人生厌的对手④

对散布恶意言论的人进行干扰

在我们身边，总会有一些说话尖酸刻薄甚至言语恶毒的人。比如有人非常冷漠地跟你说一些让你十分心烦的事："最近经常能见到你丈夫，他不是被公司裁员了吧？他可是公司里的骨干，怎么也想不到这种事会发生到他身上。"此时你要是真心以对，说"太让您费心了。其实他现在正考虑跳槽，在物色合适的岗位呢"，对方就会立刻说"附近有一个45岁被裁员的，也正在找工作，可真难哪！"之类的言论。对待这种人，绝对不能以诚相待，只是应之以"啊，原来如此，呵呵"之类的言语，对其实施干扰即可。

要点

个性认真的人总是一本正经地回答对方所提出的问题。为了应对此类问题，我们有必要改掉这个习惯。我们要学会使用"嗯，什么？""啊，我对那种事不怎么感兴趣""你可真风趣”“啊哈哈，是啊”和“哦，原来如此”之类的言语干扰对方，让对方的意图落空。

写下你的小心思

99 如何应对恶意投诉（索赔）①

详细询问其具体要求就会使其陷入进退维谷的状态

英文“投诉（claim）”一词直译过来就是“不满”的意思。投诉原本的目的在于促使商家改善商品及服务的品质，但近来出现了一些专以索赔为目的的恶意索赔（投诉）。他们以投诉的形式，对接待人员实施恐吓及长时间的纠缠。在这些人当中，有的纯粹是以恶意投诉为乐，而更多的则是以非法途径获取金钱为目的。在某些恶意投诉的事件当中，有些商家误将这些恶意索赔者当成重要的客户，因而采取了错误的应对方式。如果能够确认对方确实属于恶意索赔的话，应当机立断，立即采取必要的应对措施。如果对方以恐吓的语气发问：“喂，你们到底打算怎么赔偿吧？”接待人员就应该立刻反问对方：“那么您究竟想要怎么样呢？”

要点

人在被质问时，如果回答不上来的话，就会自乱阵脚。恶意索赔者主动要求商家为其提供财物，如果遭拒之后还死缠烂打，继续索要的话，就有胁迫与恐吓未遂的嫌疑。商家既然有备而来，肯定知道这一点。因此，当被问及有什么要求时，索赔者就会马上闭口不言。

写下你的小心思

100 如何应对恶意投诉（索赔）②

无知的言论是致命伤

在处理恶意索赔时，商家应格外注意自己的言论。

诸如“我觉得不会有这么荒唐的事……”“我觉得这个价位的商品大体上都是这样的……”之类的言论，肯定会让对方抓住把柄：“你是把我当傻子吧？”“你们店就是这么堂而皇之地售卖劣质商品吗？”这样一来，对方可能会进行二次索赔。

101　如何应对恶意投诉（索赔）③

将投诉及索赔消灭在萌芽状态

恶意索赔者一直在寻找机会，伺机而动。如果有什么事能够成为索赔的理由，他们一定不会放过。比如打扫卫生间时，未放置提醒地面湿滑的牌子的话，对方可能会借机讹诈，说："我去卫生间时滑倒了，赔付医疗费吧！"再比如，居酒屋客人满员时，前台服务员却由于突然有急事缺勤，人手不足，诸如"点的菜根本没上""想点菜却找不到人"等情况肯定时有发生。这时就要预先在部分空桌上摆上"预约席"的牌子，减少客流量，避免投诉的发生。

要点

与其在出现投诉后再设法应对，不如做好防范措施，从根本上杜绝投诉事件的发生。考虑到投诉有可能会引发更大的麻烦，所以应该尽可能将投诉消灭在萌芽状态。这应该是应对恶意投诉或索赔的最佳方案了。

102　如何应对恶意投诉（索赔）④

断然拒绝，然后通过沉默使其坐卧不宁

恶意索赔者总是想方设法将事态不断扩大。为此，他们总是抓住对方的一言之失，勃然大怒：“你这是什么态度，给我把你的上司找来！”此时你要是表现出退缩或胆怯，就正中对方的下怀，跟恶意索赔者的交涉也必将无休止地延续下去。此时你应该保持冷静，以不卑不亢的态度说：“这恐怕不太可能。由我全权负责处理您的问题，有什么话您对我说就可以了。”断然拒绝，才是防止事态继续扩大的“防潮堤”。

要点

“为什么不行？”对方要是继续追问的话，你就再重复一遍上述内容或答复其“具体原因刚才我已经说过了”，然后沉默不语。沉默的原因并非让对方猜不透自己在想什么，而是一种令对方心神不宁的心理战术。沉默会令对方感到局促不安、无所适从。

103　如何应对恶意投诉（索赔）⑤

带有恐吓性质的投诉要以多人态势应对

在处理一般性投诉时，如果在电话中只是一味推诿的话，就极有可能将温厚的顾客变成“恶意投诉者”。为了防止顾客出言不逊或是恐吓，一般客户服务部门都会播放“为了改善服务质量，我们将会对本次通话进行录音”的音频，但有时由于某种原因，顾客还是会暴跳如雷，使普通投诉变成带有恐吓性质的投诉。这种情况下就需要以多人态势进行应对。以多人态势应对的话，对方就会从气焰高涨的状态一下变得气势全无。

104 如何应对恶意投诉（索赔）⑥

措辞恳切并不表示服务或产品质量存在问题

欧美和日本处理投诉的方式有所不同。欧美都是在确认责任在己方后再道歉，但日本却在处理投诉之前就对提出投诉的人表示歉意：“给您添麻烦了，对此我们向您致以诚挚的歉意。”

正是因为这样的态度，才会让投诉人产生错觉，甚至更加得寸进尺，例如：“你们自己都承认有问题了，刚才不是都道歉了吗？就是因为涂了你们的面霜，我的脸才会变得这么粗糙，你们得赔我医疗费！”

其实应该把上述措辞改成“请允许我们对尊敬的客户致以诚挚的慰问”，然后在顾客陈述了自己的意图后，再结合实际情况展开相关调查。

要点

有关化妆品及食品的投诉，理清事实关系需要花相当长一段时间，有时甚至会出现无法查明真相的情况。在有些投诉的处理过程当中，也有工作人员从一开始就对顾客所陈述的内容加以否定，但总体而言，日本处理投诉的习惯做法是先道歉。

写下你的小心思

105　如何应对恶意投诉（索赔）⑦

对于扰乱正常营业秩序的客人，可警告其将做报警处理

“喂！这家店卖的拉面还有蟑螂腿呢，快看看吧！”店里要是有这么一位客人，夹着蟑螂腿，在店里大声叫喊，应该如何处理才好呢？店员连忙道歉：“马上给您再换一碗。”不料对方却不依不饶，继续咆哮道：“开什么玩笑！弄碗蟑螂拉面，这还让人怎么吃呀！”他的这番举动使得其他客人也颇为不快。这时店员应该冷静地制止他这种行为，说：“这位客人，请不要大声喧哗，这会影响其他客人用餐。”

要点

这位顾客的反应让我们不得不怀疑拉面里是否真的有蟑螂腿（有使用非法手段妨害正常营业的嫌疑）。在营业场所大声喧哗，则构成破坏生产经营罪。此时，店员应不卑不亢地告知该顾客：“您要是再不停止大声喧哗的话，我可就要报警了。”

106　如何应对恶意投诉（索赔）⑧

请纠缠不休的恶意投诉者离开

饮食店等场所，其从业人员多是临时雇用的打工者，这类场所有时会出现下述情况：一位醉酒的客人向店长说："那个店员太不会说话了，你让他跪我面前，给我道歉！"此刻店长应该这样回答："这位客人，强行让店员下跪属于胁迫罪，而且伴有侵犯人权的行为，我们不能这样做。我们会对当事人进行严厉的批评。给你带来不愉快的消费体验，我在这里替他向您道歉了。"如果无论怎么向对方赔礼道歉，对方还是纠缠不休的话，就可以不卑不亢地告诉他："这位客人，为了向您赔礼道歉，我已经竭尽全力了。现在请您马上离开，不然我们就要报警了。"

要点

有些人对"顾客就是上帝"这个说法产生了误解，借投诉之机无理取闹、胡搅蛮缠。遇到这种情况，商家要断然请其离开现场。如果对方继续胡搅蛮缠的话，商家就警告其可能会涉嫌非法入侵罪，因为此刻这位恶意投诉者早已经不再是店里的客人了。

写下你的小心思

107　提不起精神时的应对措施①

刺激大脑的伏隔核

人总会有提不起精神的时候，例如：明天就要考试了，可就是不想学习；计划在会议上发言，可总是不想着手准备发言稿……提不起精神做事的时候，时间就这么白白浪费了。最近的脑科学研究表明，人类大脑的中心位置有一个名为伏隔核的部位，与人是否有干劲密切相关。想要激发起自己的干劲，只在心中默念是没有用的。只有开始行动之后，才会刺激到伏隔核。这也就是说，只有当我们开始复习考试的参考书籍，或是开始动手写发言稿之时，我们的“干劲开关”才会开启。

要点

“打扫卫生真是麻烦”，“整理工作实在太费事了”，有些人遇事就会产生这种想法。但总是愁眉不展、徒耗时间也不是办法。只有开始行动，“干劲开关”才会开启。一旦这个开关开启后，人们就会专心致志地去做事了。

108　提不起精神时的应对措施②

大笑几声会让人充满活力

有一种办法能让人从无精打采、萎靡不振的状态中快速恢复过来，那就是大笑。人在感觉到幸福或是开心时，大脑就会接收到一种信号，这时我们的脸上就会呈现出笑容。我们放声大笑时，即便是干笑，由于呼吸方式使用的是腹式呼吸法，全身的血液循环也会随着腹肌用力而加速。在身体各器官的协同作用下，我们就会出现一种浑身充满力量的感觉。

109 让幸福感常伴左右的方法①

知足常乐，懂得感激

“总是加班，工资还那么少……”有的人总是牢骚不断。有研究表明，这种负面情绪会使人加速分泌一种叫作皮质醇的压力荷尔蒙，从而导致人的记忆力及免疫力下降，对人体的害处非常大。

经常发牢骚，或者经常听到自己身边的人发牢骚，都会使人的负面思维常态化。若要避免这种情况，就应想办法消除自己的不满情绪。人之所以会觉得自己“不幸”，就是因为总喜欢跟比自己条件优越的人做比较。如果多想一想条件不如自己的人的生活，幸福感就会油然而生。

要点

心理学家班杜拉（Albert Bandura）认为，要想成为善于把握机遇的人，就要努力提高自我效能（self-efficacy）。当人们面对问题时，即便能够给出问题的解决方案，但如果缺乏“我也能行”的信念的话，那么当前问题一定难以顺利解决。

写下你的小心思

110 让幸福感常伴左右的方法②

收入不断增加带来的只不过是“生活方面的满足感”

以前有过很多关于幸福感与年收入之间关系的研究，其中最有名的要算诺贝尔经济学奖得主、研究行动经济学的卡尼曼（Daniel Kahneman）教授所主持的研究了。该研究表明，如果年收入超过75000美元的话，收入和幸福感将不再成正比。即便成为富裕阶层，人们的幸福感也不会增加，他们得到的只不过是“生活方面的满足感”而已。因为只要有钱，就可以随时满足自己对商品和服务方面的需求。让富裕阶层产生幸福感的是“与朋友或家人的会话”及“安稳的休息”等极其平凡的事情。只有在这样的环境里，他们才能获得幸福感。

要点

只有不去强求不属于自己的东西，才能获得幸福感。如果你无法从当前的环境中获取满足感及充实感的话，那么你的一生将会与不幸牵连不断。为了我们的身心健康着想，应该多发现一些能够让自己满足、能够让自己充实起来的东西。

写下你的小心思

111　巧妙拒绝对方的方法

要让对方感受到自己“过意不去”

上司突然要求加班，如果自己无法加班的话，拒绝的方法尤为重要。至于拒绝的流程，自然是在表达自己的歉意之后，再说清楚自己已经和其他人有约在先。但如果能够马上给出对方诸如“明天一大早可以吗？明天早上我早点过来”之类的备选方案的话，则能够提升自己在对方心目中的形象。在拒绝别人的同时，如果能够为其提供备选方案的话，那是最理想不过的了。

112 称赞上司时要注意措辞

避免以“自上而下”的视角去称赞对方

称赞这一行为的本质就是对对方做出评价，故此下属对上司进行称赞原则上属于“犯规”行为。有些人会不失时机地拍自己上司的马屁：“课长学会使用Excel了，真是了不起！”殊不知对方却很有可能认为这是下属对自己的不敬和轻视，因而感到非常不愉快。部下称赞上司时应该将具体的“事实”转换成自己的“感受”，如：“课长您已经学会使用Excel了呀。您学得这么快，实在让人觉得有点出乎意料。”同样，如果将“课长的演示说明做得真棒，值得参考！”变成“我从课长的演示说明会的发言当中学到了不少知识，真让人眼界大开呀”的话，效果也会大不一样。

要点

对专业人士进行不知所谓的称赞是非常令人忌讳的。比如，我们称赞厨师的时候不能说“做菜的手艺真不错”，而应该说“菜做得真好吃”；称赞油漆工的时候不能说“涂装手艺真棒”，而应该说

“刷得非常完美”。赞扬专业人士的手艺，就等于从自上而下的视角去评价他人。

写下你的小心思

聚焦4　危机四伏的“附加价值”②

不要被“互相扶持”的幻想所迷惑

“保险的本质是互相扶持”，这是很多日本人的共同幻想，也是人们对保险的巨大误解。公益财团法人生命保险文化中心公布的资料表明，2018年日本加入人寿保险的家庭为88.7%，平均每个家庭每年所支付的保险费为38.2万日元（每月3.18万日元）。日本人喜欢买保险，这是举世皆知的。日本人每年支付的保险费总额仅次于美国，位居世界第二，但要论人均的话，就成了世界第一。1997年是日本民众购买人寿保险的巅峰时期，每个家庭每年用于保险方面的支出高达67.7万日元（每月5.46万日元），这简直太疯狂了。

至于所谓的民间医疗保险，其实质就是利用人们对公共医疗保险中的“高额疗养费制度”（即在医疗费用高达数百万日元的情况下，个人所负担的金额将不再是医疗费总额的三成，而只需负担10万日元左右即可）及针对因病无法劳动的人群给予“伤病补助”（发给当事人相当于其工资总额2/3的工资）不了解的漏洞，实施带有投机性质的保险罢了。

至于在大型保险公司投保的情况，比如说30岁的男性购买保额为3000万日元、为期10年的人寿保险（无附加险种），每月保险费约为7000日元，但其中纳入保险补偿的“纯保险费”仅为保费的35%，即大约2450日元，其余的65%即4550日元皆为“附加保险费”，这一部分就是保险商品的附加价值。保险公司的利润及经费支出等，还有每天在电视上播个不停的广告费以及支付给保险代理店的手续费，都包含其中。

让我们再来看看网络寿险的情况如何吧。网络寿险的保费大约为大型保险公司保费的一半。即便如此，其“纯保险费”也只占保费的77%左右，“附加保险费”则占23%。看来保险绝对不是“互相扶持”，而只是以营利为目的的商务活动罢了。

说起以非营利目的进行赔付的、性价比最高的各都道府县民众互助的保险，就不得不说其中的先驱者——“埼玉县民共济”，该机构用作赔付的纯保险费的比例高达97%。拿其中最具代表性的业务——医疗及人寿保险业务为例，入院时每天可获赔付8000日元（不超过120天），接受手术治疗时可获赔付1万~5万日元，重度伤残可获赔付400万~1000万日元，因病死亡可获赔付400万日元，因事故死亡可获赔付1000万日元。每份保险每月的费用仅为2000日元，再算上退还的49%，每月实际负担费用仅为一半，即1000日元。只有这种不以营利为目的的保险才真正称得上“互相扶持”。

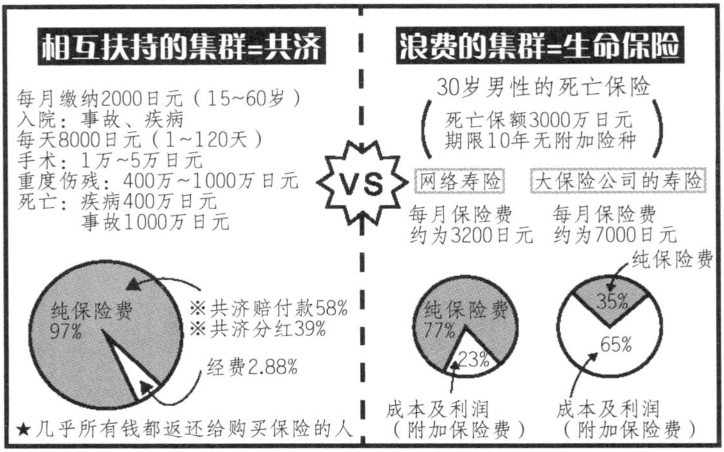

PART 5

男女心理的表与里 12 则

左脑和右脑之间有一道神经纤维束，我们称其为“脑梁”。女性的脑梁比男性的脑梁粗，她们左右脑的使用情况比较均衡。而男性则不同，他们的左脑在其思维活动中占据着主导地位。女性之间的谈话多重视感觉及情感方面的因素，我们称其为“共鸣型”。男性之间的谈话多重视理论及逻辑条理方面的因素，我们称其为“逻辑型”。大脑结构不同导致男女的思维方式各不相同。与异性进行对话时，了解其中的异同尤为重要。

113 男性和女性的思维有何不同之处①

男性大脑与女性大脑的生理特征

人的大脑分为左脑和右脑，右脑擅长处理感性和空间距离把握方面的问题，左脑善于处理言语和数字方面的问题。左脑和右脑之间有一道神经纤维束，我们称其为“脑梁”。女性的脑梁比男性的脑梁粗，她们左右脑的使用情况比较均衡。而男性则不同，他们的左脑在其思维活动中占据着主导地位。女性之间的谈话多重视感觉及情感方面的因素，我们称其为“共鸣型”。男性之间的谈话多重视理论及逻辑条理方面的因素，我们称其为“逻辑型”。大脑结构不同导致男女的思维方式各不相同。与异性进行对话时，了解其中的异同尤为重要。

要点

当女性在低声嘀咕“今天好累啊”的时候，男性往往会这样回应：“什么？会议时间又延长了？开会的时间不事先定下来是不行的。”他们总是不自觉地去探究事情的原因及解决方案。但女性此刻想得到的却是一种共鸣和一句安慰的话而已。

写下你的小心思

114　男性和女性的思维有何不同之处②

女性之间的谈话总是漫无边际、没完没了的原因

在原始社会，男人们所捕获的猎物的多少决定了其社会地位的高低。而女人们则是一边照顾孩子，一边想办法采集更多的果实。于是，男女不同的思维方式就在各自的DNA当中保留了下来。在男人的价值观当中，竞争、成败、地位与尊严占主导地位，而在女人的价值观当中，协调、共鸣与互助占主导地位。这其中的差异决定了男人更加理性，更善于专注做一件事，更善于处理空间及数字方面的问题，也更喜欢冒险。而女人则更加感性，善于一次性处理多项事务，语言能力较为突出，以及更喜欢安定。

要点

男性对学历高低、工作单位的好坏等能够彰显自己地位的因素比较重视。相对而言，女性则不太关心这些事情。但也有些男性的思维比较女性化，有些女性的思维比较男性化。据说，由于

大脑思维的影响，具备“男性化思维”的人的食指比无名指要短。

写下你的小心思

115　女性要了解男性的心理

女性如何才能让男性“听话”

从上古时代开始，男人们就为争夺猎物和女人争斗不休。为了能够使自己在竞争中处于优势地位，他们希望自己能够有一身强健的肌肉，就像当代社会中人们对身份和地位的渴望一样。因此，男性不喜欢与同性有身体上的接触，但非常喜欢与女性有身体上的接触。要是有位女性扯着他们的衣服，笑吟吟地看着他们，他们肯定会产生一种自己得到了别人信赖的感觉，心里美滋滋的。如果有女性称赞他们精明强干、头脑灵活或肌肉健硕，他们一定立刻觉得精神百倍。女性如果想让男性听自己的话，激发他们的这种本能是最有效的手段。

要点

女性上司面对男性下属时，为了不让他们小瞧自己，总是会表现得十分强硬，这种做法并不可取。如果女性领导可以在工作中适当地向男性下属示弱，巧妙地“求”他们做事的话，便可较好地经营与下属间的上下级关系，避免对方产生不必要的抵触情绪。

写下你的小心思

116　连声问“可爱吗？”的女性是出于什么样的心理

对于女性的追问，男性表示赞同才是正解

“可爱吗？”面对女性的追问，不解风情的男性总会反问：“真搞不懂，到底哪里可爱呀？”这种做法简直大错特错。女性口中的“可爱”其实别有深意。双方同为女性的话，其口中的“可爱”并非指某一特定事物，而是互相产生共鸣的信号。另外，女性口中的“可爱”也表露了希望对方认为自己很可爱的想法。

117 通过突然的表现看男性与女性大脑的不同之处

如何与突然沉默的男人、突然号啕大哭的女人打交道

在男女对话当中，不时会出现男性突然陷入沉默，或是女性情绪激动、突然号啕大哭的情形。这样的情形常会令对方猝不及防，以至于惊慌失措。女性在与男性进行对话时，很可能会因为自己正在讲话而无法注意到男性突然沉默不语的情况。男性在与女性对话时，有可能会突然心不在焉。之所以会这样，是因为男性大脑具有只能处理单一任务的特性。男性在谈话时突然想到了某件事，继而因这件事陷入沉思，就会在与人对话时心不在焉。女性之所以会突然情感暴发、号啕大哭，是因为她们的大脑中善于同时处理多项任务的感情传感器过于复杂，以至于一时间千头万绪，难以理清而导致的。其实不管对方是男性还是女性，只要让他们自己静一静，相信他们很快就会从当前状态中恢复过来。

要点

女性的泪水就是她们的武器。当形势对自己不利时，女性的泪水能让她们立刻扭转局面。此刻让女性落泪的男性会心存愧疚、惶惶不安，但情况不会很严重，哭泣的女性不久以后就会止住哭声。男性陷入沉默的时间也不会很久。无论哪种情况，人们都无须多言，只要在旁默默守护便可。

写下你的小心思

118 异地恋为何不会长久

心理学家博萨德通过对5000对情侣进行调查得出的结论

在公司里上班的人，根本不知道下一刻自己会被派往何方。如果某人已经有了恋人的话，被派到近处自然是无所谓，但要是被派往几百公里以外的地方的话，恐怕约会都是个问题。因为男女之间心理上的距离与物理上的距离是成正比的，所以异地恋多数都会以失败告终，这在心理学上被称为博萨德法则。异地恋的情侣即便一开始频繁用社交软件等相互联系，但不久以后联系的次数会逐渐减少。如果约会的地点选在两人所在地的中间，环境有所变化，约会的负担也会大大减少，二人的热情也会复燃。但随着被调到外地的一方逐渐适应新的环境，就有可能产生想要与旧环境分道扬镳的想法。

要点

博萨德法则与纯粹接触效应是互相呼应的。频繁的接触会缩短两个人之间的心理距离，从而互相信任。即便通过社交软件等进行频繁的联系，被派驻到外地的一方也会逐渐被新的环境所吸引。

写下你的小心思

119　男性如何才能博得女性的青睐

男性要根据女性大脑的特征适度迎合

男性如果是以“男子汉真性情”与女性相处的话，肯定无法赢得女性的好感。有的人竟然以自己过去是不良少年为傲，这种人肯定会被女性瞧不起。女性希望男性纯洁、有安全感、有上进心，因为她们认为，只有这样的男性才具备保护好自己和家庭的能力。女性希望男性具备绅士般的风度、细腻的情感，还要记得两个人具有纪念意义的日子。她们重视的并非结果，而是那种“有你相伴”的过程及感激之情。

120 女性如何才能避免沦为男性的“猎物”

退一步，再退一步，直至无路可退

“男朋友总是不提结婚的事。”女性如果遇到这种情况，就应该告别这段感情，开始与别的男性交往。如果对方在结婚的问题上优柔寡断的话，他不是对自己的经济能力没有自信，就是纯粹想把你当成自己的猎物。喜欢追求是男性的天性。对方通过社交软件与你联系时，不必急着立刻回复，当对方明确表示要约你出去时，你可以告诉他“这周另有安排，恐怕不行”，使其再度对你发起攻势。

要点

男性要的是“性”，而女性要的是“浪漫”。男性在恋爱时情绪来得很快，他们总是试图用贵重的礼物及大大的惊喜俘获芳心，但一旦得手就会热情大减。女性则完全相反，她们的感情是一点一点逐步升温的。

121　增加男女之间情调的法则：暗、近、狭

男女之间物理上的距离越近，对对方越有感觉

吊桥效应是一种能够使人对异性产生好感的心理学现象。一男一女两个人一起过吊桥，吊桥摇摆不定，他们由于紧张而心跳加速。此刻，男女二人都误以为是对方让自己产生了这种心跳的感觉。过山车和鬼屋应该也同样能产生这种效果。就像博萨德法则所说的那样，要想拉近男女之间心理上的距离，缩短其物理上的距离不失为一条捷径。另外，昏暗的场所会使彼此的视界变得更加狭窄。男女二人在一间略显昏暗的KTV包间中比邻而坐，肌肤相亲会让彼此之间的感情迅速升温。

要点

摄入适量的酒精会让彼此之间不再那么拘束。一般酒店吧台的椅子都是固定的，这样一来必然会有肌肤相亲，加之很多地方的灯光暗得恰到好处，着实是约会的绝佳去处。

122　如何确认女性已经接纳自己

确认对方已经接纳自己以后该做什么

女性会经常审视对方对自己究竟有多好。我不建议男性在还没有被对方接纳之前就操之过急。如果你心仪的女性有如下表现的话，就说明她已经接纳了你。其中包括收到短信不久后就马上回复你，一般不会拒绝一起吃饭的邀请，长时间的电话交谈，向你诉苦，经常跟你聊彼此的兴趣爱好，撒娇，经常有身体上的接触，展开你的手看手相，跟你聊一些关于其家庭成员或自己的事情，有什么苦恼会找你商量，不介意与你手牵手，不介意使用你用过的饮食器具，等等。

要点

男性要想知道女性对自己的接受程度，可以试着在并排走路时，故意用自己的手背去触碰对方的手背。对方如果慌忙收回自己的手的话，说明她仍然对你怀有戒心。为了让对方逐渐放下戒心，在进入饮食店等场所时，你可以做出以手轻触对方背部等动作，使其逐渐适应与你进行身体上的接触。

写下你的小心思

123　让爱情长长久久的秘诀

不要触发“最小关心原理”

“我真的非常喜欢你，给我一次机会吧。”如果两个人之间的恋情是由其中一方的恳求开始的话，那么就极有可能触发“最小关心原理”。你越关心对方，对方就越感觉不到你的存在。你越喜欢对方，愿意为对方付出一切，对方对你的态度反而越发冷淡。平等是维系一段长久而稳定的爱情的基础。人们在社交软件中上传自己与异性尽情嬉戏或游玩的视频，无非是想证明自己有魅力罢了。有时候，恋爱中的人还会编造出“公司里有人向我表白”之类的谎言，这也只是为了刺激对方，让对方嫉妒而已。

要点

有些偶像级明星当面对狂热的粉丝们时，往往感到无所适从，经常会表现出傲慢的态度。直到他们垂垂老去，当初的人气不再之时，他们才会怀念那段令人感动、神往的往昔。

124　犯罪分子的分手套路

不让对方产生恋恋不舍的感情

有些人冒用富豪、飞行员等身份，辅以光鲜的外表，披上成功男女的伪装，专门进行婚姻诈骗活动。他们选定下手的对象后，就会使用诡计骗取大量钱财，然后消失。而被骗的一方却往往丝毫意识不到自己已经受骗，还一直在苦苦打听对方的消息。有些专门以诈骗为目的的犯罪分子，甚至会真的跟对方结婚，等大量的钱财到手后，还会上演一出自甘堕落、不可救药的闹剧。如此一来，对方对自己好感尽失，他们便可安然脱身了。在此类案件当中，犯罪分子在“分手”之时，都会极尽所能让对方对自己的感情迅速降温。

聚焦5 尽早结婚，尽早积累财富才是正途

只有夫妇共同劳动的双职工家庭，才能避免老来贫困的窘况

“人生百年”的时代已然悄然来临。但不知从何时起，长寿却从人人乐道的“快活的隐居生活”变成了“生存的地狱”。

自20世纪90年代开始，日本经济就陷入了通缩状态。时至今日，日本仍未能摆脱通缩的困扰，国民收入不断下降，正式雇佣人数仅占劳动者总数的四成，社会保障也如风中火烛，唯一不断膨胀的仅有大企业的留存收益而已。

据说由于收入过低而无力结婚的男性人数也在不断增加。的确，每5年公布的“50岁时未婚率（旧称终身未婚率）”显示，从20世纪90年代开始这一占比急速上升，2015年男性占比达到23.37%（大致相当于每4人当中就有1人50岁时还没结婚），女性占比是14.06%（大致相当于7人当中有1人50岁时还没结婚）；而20世纪70年代，这一占比男女皆不足4%（即25人当中不足1人）。

男性与女性独身的人数不断增加，这无论是对个人还是对社会而言，其经济效率都不容乐观。

如果一位可支配收入（到手的收入）为200万日元的女性与一位可支配收入为300万日元的男性结为夫妇，那么这个家庭的可支配收入就是500万日元。单纯用500万日元除以2个人的话，其平均可分配收入为250万日元，但其等价可分配收入[1]为可支配收入总和除以家庭人数的平方根（$500\div\sqrt{2}\approx353.6$）。这意味着这个家庭的人均可支配收入从单身时的250万日元变成了353万日元。这对夫妇共同生活时的成本并非原来的2倍，而是只有原来的1.4倍。

如果这对双职工夫妇在未来的日子里继续分别缴纳各自的养老保险的话，那么等他们到65岁时，其退休金将会是一笔非常可观的收入。如果他们肯抛开住房贷款的负累，住相对便宜的租赁房屋，再节省一点，努力存钱的话，估计很快他们就会攒下一笔用作投资的资金。运用网上的复利计算工具，就可以轻松算出投资金融商品或是房地产的资金的收益率，以及投资多少年的回报是多少。夫妇二人拿出“二人三脚”的协作精神，在养儿育女及财富积累方面下上一番功夫的话，退休以后就可以安享晚年了。

小知识

[1] 译者注：等价可分配收入指在当前家庭可分配收入下，每位家庭成员的生活水准相当于单身家庭的多少可支配收入。

卷末礼物

不可不知的 28 条
心理学法则

01　加耐特法则

年龄越大感觉时间过得越快

人们总是觉得自己年龄越大时间过得越快。对于50岁的人来说，1年的时间是人生的1/50；而对于5岁的人来说，1年则是人生的1/5。时间的心理长度与年龄成反比。这是因为随着年龄的增长，能够让我们感动的事物变得越来越少。

02　系列位置效应

接触各类信息时记忆的顺序

当信息量较少时，最后接触的信息总会令我们印象深刻。比如说，“山田虽然有点小气，但他是个好人”，我们的脑海里就会留下山田“是个好人”的印象。但如果换个说法，“山田是个好人，可就是太小气”，这样一来，山田给我们的印象就是“小气”了。很多人一起做自我介绍时，人们往往对第一个人和最后一个人的印象最深刻。最初的信息能够让人印象深刻，那是由于存在首位效应，最后的信息能够让人的印象深刻，那是由于存在近因效应。人们接收信息的顺序发生变化，接收信息的效果也会截然不同。

03 卡里古拉效应

越被禁止的事物就越想要尝试

人们总是会对禁令心存反感。从前，有一部描写罗马皇帝卡里古拉的影片，由于其内容过于血腥、恐怖，曾一度被禁止在美国波士顿市区上映。没想到禁令发布后，波士顿市民却大举前往附近其他城市观看该影片。正是由于禁令才刺激了民众的好奇心，使他们产生了一窥究竟的想法。这是因为越被禁止的事物，就越能激发起人们的好奇心。

04 重构效应

重新构建我们的思维框架

“您看中的这套房子的租金比您的预算多了3000日元”，如果中介这样表述的话，顾客肯定会犹豫。但如果换一种表达方式，例如，“每天的租金比您的预算多了100

日元”，就有可能促使客户下决心租下这套房子。较之“自从我就任总经理以来，公司的营业利润从1%上升到了2%”的说法，“我将营业利润提升了1倍”就更显得魄力十足。只需在说辞上下一番功夫，就会让对方的思维构架产生巨大的变化。例如，“都已经5点了”和“刚刚5点”这两种说法给人的感受肯定大不相同。

05　互惠性原理

想要报答对方的心理

当人们从别人那里得到好处或是帮助时，总是想要报答对方，不然总感觉心里过意不去。比如说你在超市试吃了商品，就会觉得不买一点就对不起销售者。另外，如果有人对你有好感的话，那么你往往也会对对方产生好感（好感的互惠性）。因此，如果你能够鼓起勇气向喜欢的人告白的话，就很有可能给对方留下好的印象。另外，如果有人对你心怀恶意的话，那么你对他也一定没什么好感（报偿性恶意）。

06 乐队花车效应

从众心理

乐队花车是游行队伍的先导。“顺应潮流”“审时度势”和“顺势而为”说的大概也是这个意思。与大家步调一致才会安心，追赶流行趋势及给候选人投票等行为，都是出于这种心理。就像逻辑学中“人们相信上帝，所以上帝是客观存在的”的诡辩案例一样，并不是因为多数人都是正确的，人们才会追从。从众不关乎对错。相反，不喜欢与别人步调一致叫作虚荣效应，偏袒弱者则称为劣势者效应。

07 旁观者效应

社会性怠惰

运动会中的拔河比赛或是平时的集体作业，有人偷懒的现象时有发生。路边有人摔倒时，人们都觉得总会有人帮他的，于是大家都自顾离去。此刻只有指定某人去进行救助，如说“那边那两位穿T恤衫的，过去救助一下！”才会有人开始行动。

08 认知不协调

事实与认知不一致时会令人感到不快

有的人明知吸烟有害健康，却偏偏戒不掉，这令他们感到非常不快。于是，他们便只能通过改变自己对香烟的认知来消除这种不快，如“在长寿的人当中也有很多人吸烟”“吸烟有助于缓解压力”“吸烟对人体的危害其实并没有那么严重”。出现认知不协调的情况，解决办法只有改变自己的行为（戒烟）和改变自己的认知两种方法。就像伊索寓言中那只吃不到葡萄的狐狸那样，认为“葡萄是酸的”，它吃不到葡萄，就只好改变自己的认知了。当人们看到自己所购商品正在半价销售时，也同样会感到非常不舒服。人们的认知总是随着情况的变化而不断改变。

09 共同性原理或相似性原理

有相似之处会令人倍感亲近

人们与其他人的共同之处或是相似之处越多，就越觉得自己跟对方属于“同一类人”，越容易产生亲近感。与

对方拥有相同的出生地、学校、兴趣爱好、喜爱的运动、饮食，乃至常看相同的电视节目、喜欢同一个男明星等，都能让人产生亲近的感觉。同理，如果与对方讨厌的事物相同的话，也能产生相同的效果。

10　同步与非同步

与对方进行沟通的方法

所谓同步，就是跟对方同喜同悲，借此让对方产生安全感，让对方感受到共鸣，对话的时间也会因此而延长。相反，如果对方满面笑容，而你却怒目而视；对方悲戚戚，你却笑吟吟，无法与对方保持同步的话，对话就会很快陷入僵局。对方怒气冲冲时，如果你只是一味妥协、退让，就会让对方气焰更盛。这时你应该以冷静的态度安抚对方：“不要激动，有话慢慢说。”只有这种与对方“非同步”的做法，才能够平息对方的愤怒。

11　变色龙效应

通过毫不造作的“模仿”提升好感

变色龙能够根据周围环境的颜色改变自己皮肤的颜色。如果你在对话过程中重复对方所说的话，那么对方就会觉得你在认真地倾听。当你听到对方说起“下班的路上，我发现了一家很有意思的店铺”，就应该立刻重复对方的话：“哦，一家很有趣的店铺啊。”当对方用手搔自己的脑后时，你也可以跟着毫不造作地模仿对方的动作；当对方拿起啤酒杯饮酒时，你也跟着来一口。就这样，不知不觉间对方对你的好感度就会大为提升。

12　蔡加尼克效应（Zeigarnik effect）

总是惦记中途被打断的未完成的事情

相对于已经完成的事情，人们总是会对那些未能完成或是中途被打断的事情念念不忘。

苏联女性心理学家布卢玛·蔡加尼克（Bluma Zeigarnik）在她的实验当中证实了这一点。电视连续剧总会在高潮时出现“待续”字样，漫画、杂志也是如此。高潮时突然中断，会让观众或读者更加关注情节的发展，之所以会如此，是因为人们为目标而努力时会处于紧张的状态中，而一旦达成目标，紧张情绪也会随之消失。

13 巴纳姆效应（Barnum effect）

让人觉得占卜灵验的手段

日本的占卜师总是会先问客人的出生年月日，再煞有介事地端详客人的手相及面相。其实这只不过是一种仪式罢了，他们这样做的目的，就是为了表明这次占卜是为客人量身定制的而已。接着，占卜师就会说一些放在任何人身上都适用的话，诸如“你非常孤独”“你有金钱方面的烦恼”等。面对这些不知所谓的占卜辞令，客人就会针对自身的情况一一对号入座。所谓占卜，就是占卜师搜集了客户的个人信息以后，再用此类心理学手段让客户觉得他算得非常准而已。

14 锚定效应

思维定格在最初出现的数值上面

如果我们对定价标准不了解的话，就无法得知对方提供的价格究竟是高还是低。如此一来，对方提供的价格就成了锚定（就好像船抛锚以后，再怎么做也无法离开抛锚的位置一样），成了讨价还价的基准点。超市冰柜里经常会出现半价的冷冻食品，其实冷冻炒饭500日元的售价只不过是个幌子而已，原本价格折半以后的价格往往才是合理的价格。只要商品在低价出售前8周，以定价50%以上的价格出售的话，就符合日本价格法的相关规定。

15　扎伊翁茨的三法则

产生亲近感的原理

美国心理学家罗伯特·扎伊翁茨（Robert Zajonc）在其理论当中揭示了这样几个事实：1.对待素不相识的人，人们往往是冷漠的，甚至带有攻击性和批判性。2.人与人只要经常见面，就会产生亲近感（纯粹接触效应）。3.我们越了解对方，就越容易对其产生好感。

16 低球技术

人们总是会随手获取唾手可得的东西

低球技术是商业中诈骗惯用的手段。“经营公寓可以让您晚年生活安枕无忧！签署30年包租协议！即便手头资金有限，没有土地资源也没关系！”“运营管理全都交给我们，自己根本不用操心”等新建公寓的广告听起来似乎很吸引人，但其建筑费用是市场价格的两倍，租金也是每两年逐次递减，翻新改造费用极高，且如果购房者使用其他装修公司的话，则租借合同当即作废，租房者也会搬出公寓。30年后，等购房者还完贷款，建筑物也会变得老旧，其残值除了土地价值以外几乎所剩无几。

17 狄德罗效应（Diderot effect）

让所有的东西都跟自己喜欢的东西配套

这是一种因法国思想家狄德罗的一篇散文而得名的心理学效应，即购入一件令自己心仪的物品后，就想让其他物品都与该物品配套的一种心理。比如说，某人购买了某奢侈品品牌的商品后，就会有把所有物品都换成该品牌的冲动。

18　双重束缚（double bind）

互相矛盾的信息让人无所适从

“你喜欢相貌丑陋的富翁还是贫穷的美男子？”当被问及此类问题时，即便其中没有我们想要的答案，但还是不得不做出选择：“那还是选富翁吧……”面对别人的提问，我们总是觉得自己有必要如实回答对方的问题。这种二选一的提问方式使我们置身于双重束缚的压力之下，是一种有违常规的提问方式，一般情况下，对方应该这样问：“你喜欢什么样的男性呢？”有些公司的老板会这样教导自己的员工：“不要害怕失败，要勇于挑战。”可员工一旦失败，却又面临着被扣工资的处罚，这就是双重束缚的陷阱。

19　梅拉比安法则

视觉要素的巨大影响力

美国心理学家梅拉比安（Albert Mehrabian）的研

究显示，一个人在表达自己的观点时，如果其谈话内容（语言要素）、表达方式（听觉要素）及面部表情（视觉要素）中的任意一个因素与其他因素相矛盾时，语言要素所传达的信息量为7%，听觉要素所传达的信息量为38%，视觉要素所传达的信息量为55%。由此，人们便得出了“人的外貌举止最为重要”的结论。其实，这个结论本身并没有问题，但它是有前提条件的，那就是这三个要素一定要互相矛盾。比如说本应该是十分悲伤的话题，但说话者却面带笑容。

20 动机效应

内在成就动机与外在成就动机

动机效应是一种能够让“干劲儿”及“意欲”持续发挥效力的心理作用。加薪升职、奖赏赞誉、名誉、处罚规定和强制措施等被称为“外在成就动机”。好奇心、兴趣及对工作的喜爱等因素则被称为“内在成就动机”。其中，外在成就动机的可持续性不如内在成就动机。与我们的人生目标相吻合的外在成就动机与内在成就动机并不矛盾，二者之间是互存互依的关系。

21　意外之喜

不定额的报酬带来的惊喜

由于工资每月定期发放，所以工资到账时即便欢喜，之后却感到平淡无奇。如果是发一次性的奖金，由于其具有不确定性，所以带来的惊喜也必然不同于以往。一直在总承包商那里拿不到工程全款的分包商，偶尔收到总承包商拨付的全款，一定会欣喜若狂。

22　沉默效应（mum effect）

沉默的功与罪

如果你总是沉默寡言，不与他人进行交流的话，就会让人觉得你的人际关系处理得很不好。如果无法获取足够的信息，人们总是喜欢往坏处想。比如说，平时频繁联系的恋人突然没了消息，你就会感到非常不安，产生一种是不是发生了什么不好的事的想法。如果对方连续几天都不与你联络，这种不安就会转化为愤怒。但如果对方只是失联1天，之后随即发来“昨天没能跟你取得联络非常抱歉，因为某事……”的信息，那么你就会产生惊喜过望的感觉。

23　群体极化现象（group polarization）

较之个人，群体的力量更加惊人

“群体极化”就是指进行集体决策时，做出的判断较之个人会更加极端。集体决策会使得原本持激进态度的人更加激进，原来持保守态度的人则会更加保守。

24　前景理论（prospect theory）

较之利益，人们对损失更加敏感

诺贝尔经济学奖得主丹尼尔·卡尼曼（Daniel Kahneman）于2002年提出“回避风险规律”理论，一时间引起轰动。一般情况下，人们总是会选择先获取眼前的既得利益，但当损失与风险并存时，人们为了避免损失往往会选择风险。比如，我们面前有两个选择：A是无条件地获得100万日元；B是通过掷硬币的方法做出决定，如果是正面的话，就能获得200万日元，但如果是背面的话，就一无所获。在这种情况下几乎所有人都会选择A，可如果其中有人背负着200万日元债务的话，他会倾向选择B。面对即将发生的损失，人们的第一反应就是尽量避免损失发生。

25　认知偏误（cognitive bias）

认知的偏颇与歪曲

人们感受来自外界的刺激，并将其整理成经验与知识，这就是认知。人的认知难免会出现偏颇与歪曲。例如，感情偏误就是以自己的乐观情绪去对客观事物做出判断的行为；正常化偏误就是指在危险已经来临的情况下，却自以为安全的想法；确认偏误则是指总是以先入为主的观点和对自己有利的情报对形势进行判断的行为；惶恐性偏误则是指担心如果现在放弃的话，过去的一切都将化作乌有，被沉没成本所束缚的思维。

26　联想原理

好印象接踵而出

有好的形象进行衬托，往往会给人留下较好的印象。比如，有干练得体的秘书相伴左右的老板，会让人产生有实力、有地位的联想。当有人以丰盛可口的菜肴招待我们

时，我们也往往会对其产生良好的印象。商品如果选择具有亲和力的明星作为代言人，并拍摄广告，观众也通常会对商品有很好的印象。

27 罗密欧与朱丽叶效应

阻力让爱意更浓

《罗密欧与朱丽叶》是莎士比亚的名剧，剧中两人由于出身世仇之家，恋情遭到双方家人的反对，但这却使得两人更加坚定了相爱的决心。恋人之间的外在阻力越强，他们排除万难、将爱情坚持到底的决心就会越坚定。越是被禁止的事物，就越能激起人们的逆反心理（卡里古拉效应）。还有一个原因，那就是遭到反对的恋人们误将自己排除阻力的决心当成了恋爱的热情。一对分别拥有自己家庭的男女之间的婚外恋也是如此。最终，当他们排除所有阻力，各自离婚，终于结合在一起的时候，他们的热情也会在这一瞬间消失殆尽。

28. 一致性原则

让自己的态度前后一致

人们总是试图让自己的判断或是行为保持前后一致。人们之所以会常去同一家饮食店，是因为这样可以省去选择的麻烦，也不会有失败的风险。还有一个原因，就是这样做可以为自己塑造一个始终如一、不轻易动摇的良好形象。一旦答应别人看似微不足道的请求，对方的下一个请求自然也无法拒绝，这就是登门槛效应。